D1392240

LA POLITIQUE DU RIRE

Jean-Simon Gagné
et Pascale Guéricolas

LA POLITIQUE DU
RIRE

 SEPTENTRION

Les éditions du Septentrion remercient le Conseil des Arts du Canada et la
Société de développement des entreprises culturelles du Québec (SODEC)
pour le soutien accordé à leur programme d'édition, ainsi que le gouvernement
du Québec pour son Programme de crédit d'impôt pour l'édition de livres.

Chargée de projet : Sophie Imbeault
Illustration de la couverture et esquisses : André-Philippe Côté
Révision : Carole Paquet
Mise en pages et maquette de couverture : Pierre-Louis Cauchon

Si vous désirez être tenu au courant des publications
des ÉDITIONS DU SEPTENTRION
vous pouvez nous écrire par courrier,
par courriel à sept@septentrion.qc.ca,
ou consulter notre catalogue sur Internet :
www.septentrion.qc.ca

© Les éditions du Septentrion
835, av. Turnbull
Québec (Québec)
G1R 2X4

Dépôt légal :
Bibliothèque et Archives
nationales du Québec, 2015
ISBN papier : 978-2-89448-836-2
ISBN PDF : 978-2-89664-940-2
ISBN EPUB : 978-2-89664-941-9

Diffusion au Canada :
Diffusion Dimedia
539, boul. Lebeau
Saint-Laurent (Québec)
H4N 1S2

Ventes en Europe :
Distribution du Nouveau Monde
30, rue Gay-Lussac
75005 Paris

Sauve qui peut, une introduction !

Inutile de prétendre le contraire. Nous savons que vous n'ouvrez pas un recueil de blagues pour lire de savantes théories sur le rire. Encore moins pour découvrir les origines austro-hongroises de l'humour politique dans les régions rurales de la Bucovine ayant adopté l'usage du cure-dent parfumé à l'eucalyptus.

Les Britanniques comparent l'analyse de l'humour à la dissection d'une grenouille. Au final, l'expérience se révèle toujours instructive. Le problème, c'est que le sujet a tendance à mourir en cours de route.

À peine moins cruel, un politicien assimilait les théories sur le rire à un exercice visant à séparer les substances contenues dans l'eau du robinet. « À la fin, vous obtenez de nombreux produits chimiques, mais rien qui puisse se boire », disait-il[1].

Mine de rien, cette introduction s'étire déjà sur 130 mots. Des lecteurs pressés songent peut-être à

---

1. Cité par Sarah Lyall, *Anglo Files : A Field Guide to the British*, New York, W.W. Norton & Company inc., 2008.

sauter directement au premier chapitre. Ou pire, à refermer ce recueil pour toujours.

Après tout, fallait-il vraiment consacrer un livre entier aux blagues politiques ? Ces dernières ne sont-elles pas à la politique ce que les fientes sont à l'ornithologie ? Un sous-produit plus ou moins nauséabond.

Dans une dictature, on comprend que les citoyens échangent des blagues à la sauvette, à défaut de pouvoir faire entendre leur voix. Comme au temps où les citoyens de la République démocratique allemande (RDA) se moquaient de l'emprise de l'URSS sur leur pays, en posant une question : «Pourquoi le papier hygiénique a-t-il une épaisseur double en RDA ?»

Réponse : Parce que les Allemands de l'Est envoient une copie de tout ce qu'ils font à Moscou...[2]

Sauf que l'empire soviétique, c'est de l'histoire ancienne. Dans une société démocratique, est-il bien convenable de ridiculiser les élus ? Les blagues politiques n'encouragent-elles pas le cynisme ? Le mépris des institutions parlementaires ? De plus, les blagues n'appartiennent-elles pas à un univers frivole, enfantin ?

Au fil des ans, les experts ont annoncé la mort de la blague plus souvent que... que... que... la fin des

---

2. Cité par Ben Lewis, *Hammer and Tickle, A History of Communism Told Through Communist Jokes*, Londres, Orion Books, 2008.

engorgements dans les urgences des hôpitaux québécois. C'est peu dire. En 2005, le *New York Times* a même publié le certificat de décès, dans un article intitulé «Sérieusement, la blague est morte[3]». On y lisait que la blague avait succombé, victime de la rectitude politique et de la baisse de notre capacité d'attention.

Morte et enterrée, la blague politique? Pas si vite! N'envoyez surtout pas de fleurs! Depuis très longtemps, elle défie les sombres prédictions. Au point où elle pourrait s'exclamer, à l'instar de l'écrivain Mark Twain: «Les rumeurs annonçant ma mort sont très exagérées.»

De génération en génération, la blague politique constitue une méthode infaillible pour court-circuiter la langue de bois. Un refuge contre l'impuissance. Une manière de s'avouer des choses difficiles à admettre. Instinctivement, ses partisans tombent d'accord avec l'acteur Will Rogers, qui disait: «Il n'y a rien de mal avec une blague politique, du moment qu'elle n'est pas élue.»

Défense de sourire. Car voyez-vous, cette introduction menace d'échapper à tout contrôle. Si nos calculs sont exacts, elle vient de franchir le cap des 800 mots.

Au moins, profitons de cette débauche de mots pour faire une mise au point. Oui, autant l'avouer

---

3. St John Warren, «Seriously, The Joke is Dead», *The New York Times*, 22 mai 2005, p. 9.

tout de suite. Nous ne répondrons pas aux plaintes. Ni aux critiques. Ni aux demandes de remboursements. Et pour cause. À quelques exceptions près, nous ne sommes pas les auteurs des blagues contenues dans ce livre. Juste des collectionneurs, des traducteurs, des transmetteurs d'histoires.

En général, les blagues nous sont expédiées par des lecteurs coquins ou par des fonctionnaires mécontents. À propos, vous connaissez la nouvelle ?

Après des années de recherches, le premier ministre du Canada, Stephen Harper, a fini par retracer le fonctionnaire qui inventait des blagues sur lui depuis des années.

— Monsieur, pourquoi racontez-vous des blagues sur moi ? commence le premier ministre. C'est très injuste. Mon gouvernement fait pourtant de gros efforts pour défendre les intérêts des gens ordinaires. Il essaye aussi de protéger l'environnement et de trouver une manière plus juste d'assainir les finances de l'État.

— Un instant, Monsieur Harper, répond le fonctionnaire. Cette blague, que vous venez tout juste de raconter, elle ne vient pas de moi…

Très drôle. Mais celle-là aussi circule depuis un certain temps. Une version soviétique remonte au début des années 1960. Peut-être avant.

«Les gens qui échangent des blagues sur Internet ne réalisent pas que leurs histoires ont parfois été inventées plusieurs siècles auparavant», écrit l'auteur Jim Holt dans le livre *Stop Me If You've Heard This*. Holt cite même l'histoire de deux hommes qui se rencontrent à proximité d'un bain public. Une capsule humoristique qui aurait au moins 2000 ans. Peut-être plus.

— As-tu pris un bain?, demande le premier.

— Pourquoi tu me demandes cela?, s'étonne l'autre. Il en manque un[4]?

Pour ceux que ce genre de référence amuse, nous fournissons en bas de page quelques pistes sur l'origine de nos histoires. Une manière de rappeler que les blagues les plus connues traversent les âges, sous diverses formes, comme c'est le cas pour le conte populaire ou pour la musique folklorique.

Chemin faisant, nous avons jugé bon d'ajouter quelques citations loufoques de politiciens[5]. Une manière d'avouer qu'au Québec, il n'existe qu'une seule blague politique. Toutes les autres sont vraies!

---

4. Jim Holt, *Stop Me if You've Heard This, A Philosophy of Jokes*, New York, W.W. Norton & Company, 2008.

5. Les sceptiques sont invités à consulter *Maux et mots de la politique*, le blogue que l'éditorialiste du *Devoir*, Antoine Robitaille, consacre aux lapsus et aux déclarations intempestives de la politique.

Courage, le point final approche. Encore 341 mots très précisément. «N'oubliez jamais, disait l'écrivain Karl Kraus, que la situation est désespérée, mais pas sérieuse.»

Il faut en finir. Vite. Mais comment? Comment mettre un point final à cette entrée en matière qui galope désormais comme un cheval emballé?

En racontant une blague? Admettez qu'il s'agirait d'une conclusion trop prévisible.

En brandissant une citation, telle une massue? Trop convenu.

En désespoir de cause, mais de manière totalement arbitraire, nous allons conclure en racontant une histoire vraie, mais invraisemblable.

Il y a quelques années, le Federal Bureau of Investigation (FBI) menait une vaste enquête sur la fraude dans le milieu hospitalier aux États-Unis. Un jour, une soixantaine d'agents effectuèrent une perquisition au Southwood Psychiatric Hospital de San Diego. Toutes les issues de l'établissement avaient été bouclées pour éviter que des documents ne disparaissent. L'opération, qui devait durer quelques heures, s'étirera durant une bonne partie de la journée. Au bout d'un certain temps, l'officier responsable de la perquisition se résolut à commander par téléphone de la pizza pour ses agents affamés.

L'officier : Bonjour, je voudrais commander 19 grandes pizzas et 67 canettes de boisson gazeuse.

Le livreur : D'accord. Où voulez-vous les faire livrer ?

L'officier : À l'hôpital psychiatrique de Southwood.

Le livreur : À l'hôpital psychiatrique ?

L'officier : C'est ça. Je suis un agent du FBI.

Le livreur : Ah bon ! Vous êtes un agent du FBI ?

L'officier : Oui. D'ailleurs, nous sommes tous du FBI, ici.

Le livreur : Et vous êtes à l'hôpital psychiatrique ?

L'officier : C'est ça. Faites attention de ne pas utiliser les portes principales, à l'avant de l'édifice. Nous les avons fait verrouiller pour que personne ne puisse sortir. Vous devrez utiliser une porte de service à l'arrière pour la livraison.

Le livreur : Et vous dites que vous êtes des agents du FBI enfermés à l'hôpital psychiatrique ?

L'officier : Absolument, nous sommes tous du FBI. Pouvez-vous faire vite ?

La conversation se poursuivit quelques minutes avant que le restaurateur raccroche au nez de l'officier. Pour la petite histoire, les agents finirent par aller chercher leur montagne de pizzas eux-mêmes[6].

---

6. Cité par Jan Harold Brunvand, *Too Good to Be True, The Colossal Book of Urban Legends*, New York, W.W. Norton & Company, 1999.

CHAPITRE 1

Terre des très grands hommes

« Soyez sans inquiétude, Mme [Kim] Campbell gagnera assez facilement les prochaines élections. »

Le premier ministre du Canada, Brian Mulroney, juin 1993. Quelques mois plus tard, le Parti conservateur dirigé par Mme Campbell était réduit à 2 sièges sur les 285 que compte la Chambre des communes à Ottawa.

« Mon ostie, m'a t'en câlisser une dans l'front [sic]. »

Régis Labeaume, maire de Québec, à l'Hôtel de ville, en direction d'un conseiller municipal, 1er décembre 2008.

« C'est pas besoin [sic] que tout le monde soit mort pour leur donner une statue. Parfois, il faut être capable de dire, hein, au moment où tu es dans le monde international qu'on vit, tu es en train de changer quelque chose. »

Laurent Lessard, alors qu'il était ministre de l'Agriculture, lors d'un conseil général du Parti libéral du Québec, 23 mai 2009.

« Pourquoi acheter des carabines à répétition, des armements nucléaires pour s'amuser ? C'est dangereux, et quand c'est dans la maison, il peut y avoir un enfant qui se serve de ça. »

Jean Chrétien, premier ministre du Canada, juin 1997.

« Je ne crois pas qu'un individu puisse aller en politique s'il ne surestime pas ses habiletés et s'il ne sous-estime pas les difficultés. »

Michael Ignatieff, ancien chef du Parti libéral du Canada, dans une entrevue au magazine *Maclean's*, 7 octobre 2013.

« En Angleterre, ils se tapent sur la gueule et s'envoient des bombes parce que c'est le multiculturalisme et qu'il n'y a plus personne qui se retrouve dans cette société-là. »

Pauline Marois, alors première ministre du Québec, 5 septembre 2013.

« Je rencontre tous ces journalistes, tous ces athées partout et à toutes les fois que je me présente avant d'arriver, je me dis : "ils savent rien". Et en partant, je me dis : "c'est encore pire que ce que je pensais. Des cruches. Ils ne savent rien". »

Jean Tremblay, maire de Saguenay, lors d'une conférence à Salaberry-de-Valleyfield, juin 2014.

« Moi, je dis toujours, dans le fond, il faudrait que chaque assassin aurait [sic] le droit à sa corde dans sa cellule, il décidera de sa vie. »

Le sénateur canadien Pierre-Hugues Boisvenu,
1er février 2012.

« J'ai répété à répétition qu'il n'y aurait pas d'atteinte des services directs aux élèves. »

Yves Bolduc, ministre québécois de l'Éducation,
30 septembre 2014.

1. Nommé président de la NASA, après ses exploits à titre de ministre du gouvernement québécois, notamment au ministère des Transports et au ministère du Travail, Sam Hamad veut frapper un grand coup. Il propose une expédition sur le Soleil.

— Impossible, répondent les ingénieurs effarés. Bien avant d'arriver, la fusée serait carbonisée !

— Erreur, interrompt Sam Hamad. Pour éviter ces problèmes, nous irons durant la nuit[1]…

---

1. Du temps de l'Union soviétique, ce sont les secrétaires du Parti communiste, Nikita Khrouchtchev et Leonid Brejnev,

2. Le ministre de l'Éducation, Yves Bolduc, a quitté la politique pour ouvrir une clinique médicale privée. Et ce matin-là, comme tous les jours, la salle d'attente est pleine. Arrive le tour d'une vieille dame qui entre dans le cabinet presque pliée en deux, appuyée sur sa canne.

La porte se referme.

Cinq minutes plus tard, la dame ressort complètement redressée.

« C'est un miracle », s'écrient les gens dans la salle d'attente. « Vous êtes arrivée ici pliée en deux ; comment a-t-il fait pour vous guérir ? »

Alors la dame répond, très calmement :

« Il ne m'a pas guérie. Fidèle à ses bonnes habitudes de politicien, il m'a juste donné une canne plus longue… »

---

qui avaient cette idée géniale.

Une anecdote, attribuée au célèbre héros du monde musulman, Nasr Eddin Hodja, utilise les mêmes ressorts. Elle est citée dans *Sublimes paroles et idioties de Nasr Eddin Hodja* (Phébus libretto, 2002).

— Nasr Eddin, toi qui est versé dans les sciences et les mystères, dis-nous quel est le plus utile, du Soleil ou de la Lune.

— La Lune, sans aucun doute. Elle éclaire quand il fait nuit, alors que ce stupide Soleil luit quand il fait jour.

3. Pour démontrer qu'il maîtrise tous les genres de situations, l'ancien ministre et stratège péquiste Jean-François Lisée saute en parachute en compagnie de son attaché politique.

Les deux amateurs se lancent. Et ils tombent, ils tombent…

Voyant le sol s'approcher à toute vitesse, l'attaché politique devient un peu nerveux.

— Encore 200 mètres avant de toucher le sol, prévient-il. Monsieur Lisée, il faudrait vite ouvrir notre parachute !

— Pas encore, répond l'ancien ministre, sans jamais se départir de son calme.

Quelques instants plus tard, l'attaché politique commence à paniquer.

— Plus que 50 mètres. Tirons vite sur notre corde !

— Calmez-vous, on a encore le temps, répète Lisée.

— Plus que trois mètres, hurle l'attaché politique. Vite, ouvrons-le !

— Ça ne sert à rien, a le temps de conclure Jean-François Lisée. De cette hauteur, je peux très bien sauter sans parachute.

4. À l'époque où le député conservateur de la Beauce, Maxime Bernier, était responsable des Affaires étrangères, deux personnes se croisent dans un couloir du Ministère, à Ottawa.

— Tu connais la dernière blague politique qui circule dans le Ministère?, demande l'un.

— Tu peux me la raconter, mais je te préviens, répond l'autre. De toute évidence, tu ne m'as pas reconnu, mais je suis Maxime Bernier, le ministre.

— Ça ne fait rien, je t'expliquerai jusqu'à ce que tu comprennes[2].

———————————

2. Une autre variante se déroule dans un bar…

Après avoir commandé un cocktail, un client demande au tenancier.

— Connaissez-vous la dernière blague à propos des conservateurs?

Le barman prend aussitôt une mine sombre. Et le gars d'à côté explique, d'une voix de stentor. «Vous êtes libre de faire ce que vous voulez. Mais auparavant, je tiens à vous préciser que je suis conservateur et que le barman est conservateur. De plus, le videur qui mesure deux mètres et qui est ceinture noire de karaté, est aussi conservateur. Enfin, les trois colosses que vous apercevez, à la table voisine, sont conservateurs.

Alors Monsieur, sans vouloir me mêler de ce qui ne me regarde pas, je vous invite à réfléchir. Voulez-vous encore faire votre blague sur les conservateurs?»

L'inconnu affiche un large sourire.

— Vous avez raison. J'abandonne. Avec ce que vous venez de me dire, il vaut mieux que je renonce à raconter ma blague. Je n'ai pas envie d'avoir à la répéter cinq fois.

5. Philippe Couillard, Gaétan Barrette et Yves Bolduc se retrouvent dans un pays en proie à de graves désordres. Le trio est bientôt capturé par un groupe de militaires hostiles. Ces derniers adossent le premier ministre Couillard contre un mur et forment un peloton d'exécution. Mais au moment où ils vont tirer, Philippe Couillard a une idée. Il se met à crier : « Tremblement de terre ! »

En l'entendant, les militaires croient qu'il y a un tremblement de terre et s'enfuient en hurlant. Le premier ministre profite de la confusion pour prendre la poudre d'escampette.

Mais les soldats reprennent vite leurs esprits. Au tour de Gaétan Barrette d'être adossé au mur, face à un peloton d'exécution. Au dernier moment, le ministre de la Santé se remémore la tactique utilisée par Philippe Couillard. Alors il s'écrie : « Tornade ! »

Encore une fois, la panique s'empare des militaires. M. Barrette en profite pour se sauver.

Arrive le tour d'Yves Bolduc. Le ministre est lui aussi adossé au mur, face aux militaires. Mais il a pris bonne note du stratagème utilisé par ses prédécesseurs.

« Facile, se dit-il. Je n'ai qu'à crier comme si un désastre était en train de se produire et ces poules mouillées prendront la fuite. »

Sûr de lui, le ministre Bolduc refuse le bandeau que les militaires lui offrent pour couvrir ses yeux. Et au moment où ils le mettent en joue, il ne peut s'empêcher de sourire en s'écriant : « Feu ! »

6. L'ancien chef de l'état-major de la Défense des forces canadiennes, le général Rick Hillier, était reconnu pour son tempérament intempestif. Un jour, il téléphone à son épouse depuis l'Afghanistan. Une femme de ménage répond.

— Je veux parler à mon épouse, commence le général, sur le ton du lion qui se résigne à commander son filet mignon, après avoir dévoré trois serveurs pour calmer sa faim.

— Impossible, répond la femme de ménage, très embarrassée. Il s'agit de sa première journée de travail, et elle se sent très mal à l'aise.

À force d'insister, le général Hillier découvre le pot aux roses. Sa femme se trouve en galante compagnie.

Furieux, le général ordonne à la femme de ménage d'aller chercher son revolver, dans la table de nuit, et d'abattre les deux scélérats. La dame hésite un peu, puis finit par déposer le combiné. Le général entend deux coups de feu. Puis elle revient en ligne.

— C'est fait, répond-elle. Que dois-je faire maintenant ?

Le général lui conseille d'effacer ses empreintes de la crosse du revolver. Ensuite, il suggère de jeter l'arme dans la piscine.

— Mais Monsieur, il n'y a pas de piscine ici! s'écrie la femme de ménage.

— Merde, répond Hillier. Je me suis encore trompé de numéro de téléphone[3]...

7. L'histoire se déroule à la fin d'un congrès du Parti Québécois visant à confirmer le leadership de Pauline Marois. Les délégués sont invités à renouveler leur

---

3. Dans son livre *The Coldest Winter, America and the Korean War* (Hyperion, 2007), le journaliste américain David Halberstam propose une version à peine différente, qui circulait au début des années 1950 durant la guerre de Corée.

Le militaire n'est nul autre que le général Douglas MacArthur.

En 2010, une histoire semblable a été déclarée la «meilleure blague de tous les temps» par un groupe de scientifiques et de psychologues, dans le cadre du Festival de l'Association britannique des sciences à l'Université de Glasgow.

«Deux chasseurs marchent en forêt lorsque soudain, l'un d'eux s'effondre. Il ne semble plus respirer et ses yeux sont fermés. Complètement paniqué, l'autre chasseur téléphone aux urgences.

— Mon ami est mort, s'écrie-t-il. Que dois-je faire?

— Du calme, répond la voix au bout du fil. je peux vous aider. La première chose à faire, c'est de s'assurer qu'il est bien mort.

Il y a un long silence. Puis on entend un coup de feu.

Quelques instants plus tard, le chasseur reprend le téléphone.

— C'est fait. Maintenant, c'est quoi la suite?»

confiance envers la chef bien-aimée. Le vote est secret. Il se déroule rondement.

Une demi-heure plus tard, on dévoile les résultats. La chef Pauline Marois a obtenu 5 000 votes. Un triomphe. Les délégués hurlent de joie. Plusieurs versent des larmes de bonheur. Mme Marois est portée en triomphe. On lance des confettis. On sort le champagne. On danse sur les tables. Et puis soudain, un frisson parcourt la salle. Tout le monde vient de se souvenir qu'il y avait seulement 350 délégués inscrits au congrès[4]…

8. « Comment devenir un bon gestionnaire des fonds publics ? » avait demandé un nouveau député conservateur à l'ancien premier ministre, Brian Mulroney.

— Simple, mon garçon, répond M. Mulroney. Tu dois suivre trois règles d'or. D'abord, tu ne donnes jamais d'argent à ceux qui n'en ont pas. Ensuite, tu ne prêtes jamais à ceux qui en ont besoin. Finalement, s'il te vient des remords de conscience, tu dois les balayer en te rappelant qu'il ne s'agit pas de ton argent.

9. Le maire de Saguenay, Jean Tremblay, se promène seul dans la forêt.

---

4. Il y a un dicton qui stipule que « la démocratie, ce n'est pas le vote ; c'est le décompte des voix. » Voilà peut-être pourquoi les blagues sur le décompte des voix abondent.

Soudain, la Vierge Marie lui apparaît. Le maire Tremblay tombe aussitôt à genoux.

— Merci d'écouter mes prières, s'écrie-t-il. Merci de maintenir vivante notre belle culture du royaume du Saguenay, qui doit tellement à la religion chrétienne. Merci de me protéger contre les attaques des méchants athées qui me persécutent.

La Vierge devient mal à l'aise. Elle répond :

— *Sorry, I don't speak french.*

10. Il était une fois un magicien qui avait inventé une machine à détecter les mensonges chez les personnages publics.

Un jour, le magicien dévoile son invention lors d'une conférence de presse. Il s'agit d'un mur couvert d'horloges, chacune avec un nom inscrit dessus.

— Le fonctionnement est simple, commence le magicien. Chaque fois qu'un personnage public essaie de faire prendre des vessies pour des lanternes, la grande aiguille de son horloge avance d'un cran.

Les invités sont très impressionnés. Ils observent les aiguilles des horloges de Pauline Marois, de Philippe Couillard, de François Legault, de Régis Labeaume et de Stephen Harper qui avancent à un rythme régulier.

Soudain, un invité ose une question.

— Et Marcel Aubut ? Je n'aperçois pas d'horloge à son nom. L'avez-vous oublié ?

Le magicien sourit avant de répondre.

— L'horloge de Marcel Aubut, je la garde précieusement dans mon bureau. Elle me sert de ventilateur.

11. Las d'entendre répéter qu'il est très impopulaire, Jean Charest a décidé de se rendre incognito parmi les employés d'un ministère.

— Que penses-tu de Jean Charest, demande-t-il à un fonctionnaire.

Le monsieur regarde d'abord autour de lui avec inquiétude, avant de lui donner discrètement rendez-vous à 17 h devant la sortie principale de l'édifice.

Le soir venu, l'homme le prend par la main et l'entraîne dans une course folle à travers toutes sortes de ruelles. Après s'être assuré que personne ne les suivait, il lui fait ensuite traverser une série de terrains vagues, avant de l'amener dans un boisé épais. Rendu au milieu du boisé, le fonctionnaire s'arrête soudainement en écoutant les bruits des alentours. Il lance des regards terrifiés autour de lui, avant de lui dire :

— Maintenant que nous sommes seuls, je peux te le dire, à la condition que tu ne le répètes à personne. Moi, Jean Charest, je l'aime bien[5].

---

5. Il existe plusieurs variations autour de ce même thème. En voici un échantillon :

12. À l'heure de pointe, un conducteur se trouve coincé dans le trafic.

Tout à coup, il aperçoit un homme tout énervé qui vient frapper à la fenêtre de sa voiture.

— Qu'est-ce qui se passe, demande le conducteur.

— Le premier ministre Stephen Harper vient d'être enlevé à quelques voitures d'ici. Les ravisseurs exigent une rançon d'un million de dollars, sinon ils vont lui verser un bidon d'essence sur la tête et gratter une allumette pour le transformer en torche humaine. S'il vous plaît, pouvez-vous contribuer à notre collecte d'urgence?

— Bien sûr, répond le conducteur. À combien êtes-vous rendu?

— Bof, ajoute l'autre. À environ 10 litres.

«Jean Charest se rend visiter une mégaporcherie. Pas de chance, au moment où il se penche pour regarder le système de récupération du lisier, il tombe dans une fosse à purin.

Le fermier lui tend aussitôt une perche et s'empresse de le tirer de là.

— J'espère que vous ne raconterez à personne que je suis tombé là-dedans, lui chuchote à l'oreille le premier ministre.

À la condition que vous ne disiez à personne que je vous en ai sorti, rétorque le fermier. »

13. L'ancien premier ministre du Canada, Paul Martin, repose sur son lit de mort. Jean Chrétien décide de lui rendre visite, malgré leurs relations qui ont parfois été tendues.

Il s'assied à côté du lit sur une chaise. Aussitôt, le pauvre Paul Martin essaye de lui dire quelque chose ; il remue les lèvres, mais rien n'en sort. Au dernier moment il prend un crayon et un carnet qui étaient à sa portée. Malgré les tremblements, il parvient à griffonner quelques mots avant de s'éteindre.

Bouleversé, Jean Chrétien convoque aussitôt les médias et déclare que Paul Martin, au dernier moment, a pu écrire son testament politique. Il lit le papier :

« Jean ! Enlève ton pied sur le tuyau d'air… »

14. Quelle différence y a-t-il entre les grands feux qui ravagent périodiquement la forêt boréale dans le nord du Québec et les quelques mois de règne de Mario Beaulieu à la tête du Bloc québécois ?

Les feux laissent au moins un 10 % qui peut être récupéré derrière eux…

15. Le maire de Québec, Régis Labeaume, vient de mourir. Il se dirige vers l'entrée du Paradis, mais il y a une imposante file d'attente. Il demande alors la priorité. Saint Pierre, alerté par le chahut, appelle Dieu sur son téléphone cellulaire.

— Il y a un type qui veut passer à tout prix. Il dit s'appeler Régis Labeaume.

— Arrêtez-le, répond Dieu. Il s'agit d'un imposteur. Régis Labeaume, c'est moi[6].

16. Pour le Nouvel An, Régis Labeaume décide de réunir tous les employés municipaux en rang, devant l'hôtel de ville, pour un discours de motivation. Le maire parle, parle, parle. Soudain, un violent éternuement interrompt son discours. Rouge de colère, le maire lève la tête et il demande : « Qui a éternué ? »

Silence terrifié. Régis Labeaume repose sa question. Nouveau silence.

« Ceux qui occupent le premier rang, vous êtes congédiés, rugit-il. Allez-vous-en, je ne veux plus vous voir ! »

Aussitôt dit, aussitôt fait. De nouveau, le maire veut connaître l'identité de l'employé qui a éternué. Personne ne répond.

« Le second rang est congédié. Déguerpissez », ordonne-t-il.

---

6. Dans une version italienne de cette blague, Dieu se prend pour le premier ministre, Sylvio Berlusconi. On raconte que cette blague était la préférée du premier ministre italien.

Les employés du second rang s'en vont. M. Labeaume repose sa question. C'est alors qu'un petit homme sort timidement du troisième rang.

— C'est moi, Monsieur le Maire, dit-il, la tête basse.

— À tes souhaits, mon cher, répond joyeusement le maire, avant de reprendre son discours[7].

17. À Montréal, au début de l'administration du maire Gérald Tremblay, le bruit courait que c'était un pantin à l'image du maire que l'on promenait à travers la ville, pour les sorties officielles. L'administration a publié un communiqué pour démentir officiellement. La vérité, c'est que le pantin faisait preuve d'un trop grand sens de l'initiative. À sa place, c'est le vrai maire que l'on promenait.

18. Un matin, le site Web d'un journal annonce par erreur la mort du premier ministre Jean Charest.

On le devine, le premier ministre s'empresse de démentir la nouvelle. Il se rend aussitôt à pied sur la Grande-Allée, pour que tout le monde puisse constater qu'il se porte à merveille.

----

7. L'une des très nombreuses histoires calquées sur l'humour soviétique. Sauf qu'à l'époque de l'URSS, cette blague mettait en vedette Joseph Staline. Et il allait de soi que les employés n'étaient pas renvoyés, mais plutôt fusillés.

— Je suis vivant ! Vous voyez bien que je suis vivant, répète-t-il à tous ceux qu'il croise sur son chemin.

Une passante demande alors au premier ministre de s'arrêter. La dame scrute longuement Jean Charest, de la tête aux pieds. Puis elle déclare.

— Je cherche le truc. Comme d'habitude, je n'arrive pas à croire à un seul mot de ce que vous racontez[8] !

19. Lors de sa tournée préélectorale, François Legault prononce un discours dans un hôpital psychiatrique. Un vrai succès. Au terme de son allocution, le politicien soulève un tonnerre d'applaudissements.

Seul un homme reste de marbre, appuyé contre un mur, au fond de la salle. Les bras croisés, il observe la foule en délire d'un air sceptique.

---

8. Sûrement l'une des plus anciennes blagues du monde. Elle remonterait à la Grèce antique !

Dans un article intitulé « Le rire d'hier et le rire d'aujourd'hui », le quotidien *Le Monde* du 28 décembre 2009 cite une blague très proche, tirée de *Philolegos*, un recueil du IVe ou du IIIe siècle avant J.-C.

« Deux hommes se croisent. Le premier dit au second : "je croyais que tu étais mort".

— Ben non, tu le vois bien, répond l'autre.

— Sauf que celui qui me l'a dit est plus fiable que toi. »

Le politicien, un peu insulté, se dirige aussitôt vers l'impertinent.

— Qu'est-ce qui ne va pas? Pourquoi n'applaudissez-vous pas? demande-t-il.

— Du calme, répond l'homme. Moi, je ne suis pas un pensionnaire. Je travaille ici.

20. Après la quasi-fermeture de plusieurs conservatoires à travers le Québec, Philippe Couillard entend réparer les dégâts. Bien déterminer à prouver au monde entier son amour pour la musique et les arts, il entre en coup de vent dans un magasin d'instruments de musique.

— Donnez-moi le saxophone rouge et le gros accordéon, ordonne-t-il d'une voix assurée, en montrant du doigt ses choix.

Le vendeur a l'air un peu surpris.

— Vous êtes le premier ministre du Québec, n'est-ce pas?

— Oui, répond Philippe Couillard, flatté d'avoir été reconnu.

Le vendeur réfléchit un instant, avant de répondre :

— Je vous vends l'extincteur, mais je garde le calorifère…

21. Quelle est la différence entre l'ancienne lieutenant-gouverneure du Québec, Lise Thibault, et le dodo batailleur, cet oiseau disparu, affublé d'ailes ridicules?

Réponse : Il n'y en a qu'un seul des deux qui vole[9].

22. L'autre jour, le ministre de l'Éducation Bolduc est entré dans une librairie et il a réclamé un livre.

— Quel genre de livre voulez-vous? a demandé le libraire. Un ouvrage sérieux ou bien quelque chose de plus léger?

— Aucune importance, répond le ministre. Je suis venu en voiture[10].

23. Pourquoi le premier ministre du Canada, Stephen Harper, préfère-t-il augmenter le budget des prisons plutôt que celui de l'éducation?

À son âge, il ne risque plus de retourner à l'école[11]…

---

9. Dans le livre *Les meilleures blagues de François Hollande* (Les Éditions de l'Opportun, 2012), une autre version est proposée. «Quelle est la différence entre le Concorde et [Nicolas] Sarkozy? Le Concorde s'est arrêté de voler, lui!»

10. Pour renouveler la blague, on met en scène deux employés du Cabinet du ministre. «C'est l'anniversaire de notre ministre, qu'est-ce qu'on lui offre? Un livre? suggère le premier.

— Non, répond l'autre. Il en a déjà un.»

11. Dans la Yougoslavie socialiste des années 1960, une blague raconte une tournée régionale du président Tito et de son ministre de l'Intérieur, Aleksandar Rankovic.

24. Un jour, un juge avait demandé au premier ministre Robert Bourassa de jurer de «dire la vérité, rien que la vérité, toute la vérité». Ce dernier s'était alors exclamé : «Mais c'est impossible ! Il s'agit de trois choses complètement différentes[12] !»

25. Philippe Couillard admire beaucoup l'efficacité de l'administration de Barack Obama. Un jour, il décide de se rendre à Washington pour prendre des conseils du président.

———————————

Lors de la visite de l'orphelinat, Tito annonce une subvention de 20 000 dinars. Un peu plus loin, il annonce 30 000 dinars pour un refuge accueillant les femmes en difficulté.

Les deux compères terminent leur journée par une visite de la prison régionale. Sur les lieux, Tito promet 200 000 dinars pour améliorer les conditions de détention des prisonniers.

Le ministre Rankovic se montre très étonné. Pourquoi donner davantage à une prison qu'à un orphelinat ou à un refuge pour femmes en difficultés ?

— Si les choses tournent mal, lui explique Tito, où crois-tu que je vais aboutir ? À l'orphelinat, au refuge ou en prison ?

12. Dans le même ordre d'idées, les Américains s'amusaient de l'histoire suivante, à la fin du dernier mandat de Bill Clinton.

Quelle était la différence entre George Washington, Richard Nixon et Bill Clinton ?

George Washington était incapable de mentir. Richard Nixon était incapable de dire la vérité, et Bill Clinton était incapable de faire la différence entre les deux.

— C'est simple, explique Barack Obama. Pour vérifier la compétence de votre entourage, il suffit de poser une question. Je vais vous montrer.

Le président convoque alors le Secrétaire d'État, John Kerry, et lui demande :

— John, qui est le fils de ta mère mais qui n'est pas pour autant ton frère, demande le président.

Et le secrétaire Kerry lui répond sans hésitation :

— C'est moi, John Kerry !

Très impressionné, Philippe Couillard remercie son hôte.

De retour à Québec, il décide de mettre à l'épreuve ses ministres.

Il convoque son ministre de l'Éducation, Yves Bolduc.

— Mon cher Yves, qui est le fils de ta mère, sans être pour autant ton frère, demande-t-il, d'un ton très solennel.

Le ministre Bolduc se gratte la tête. Il sue à grosses gouttes. Il demande un peu de temps pour y penser. Sitôt qu'il est sorti du bureau du premier ministre, il se rend dans le bureau du ministre de la Santé, Gaétan Barrette, pour demander conseil.

— Qui est le fils de ta mère, mais sans pour autant être ton frère ? demande-t-il à son collègue.

Le ministre Barrette réfléchit durant un bon moment, avant de répondre : « C'est moi, Gaétan Barrette ! »

Très satisfait de la réponse, Yves Bolduc remercie son collègue et s'en va retrouver le premier ministre.

— Monsieur Couillard, j'ai trouvé la réponse ! s'exclame-t-il. C'est Gaétan Barrette !

Philippe Couillard lève les yeux au ciel, d'un air découragé.

— Mais non ! C'est pourtant facile, s'écrie-t-il. Tout le monde sait bien que c'est John Kerry[13] !

26. Au cours d'un voyage en Russie, le maire de Saguenay, Jean Tremblay, décide de visiter le célèbre musée de l'Ermitage à Saint-Pétersbourg. Durant la visite, son téléphone cellulaire se met à sonner. Comme il s'agit d'un appel important, le maire répond et va s'asseoir sur la chaise la plus proche.

Au bout de quelques minutes, un gardien du musée vient l'interrompre, les yeux révulsés d'horreur.

— Comment pouvez-vous oser faire une chose pareille ! Vous êtes assis sur la chaise de l'impératrice Catherine La Grande !

---

13. L'une des blagues politiques les plus répandues. On peut dénicher des versions britanniques, américaines, québécoises ou françaises. Seuls les noms changent.

— Oh, ne vous en faites pas, répond le maire. Dès qu'elle arrivera, je lui céderai la place[14]...

27. À quelques jours des élections, l'épouse du premier ministre Jean Charest, Michèle Dionne, effectue une tournée à travers le Québec. Jour après jour, durant son voyage, la pauvre dame entend ses interlocuteurs injurier les anciens premiers ministres québécois d'une manière particulièrement disgracieuse. René Lévesque, Pierre-Marc Johnson, Robert Bourassa, Daniel Johnson, Jacques Parizeau, Bernard Landry, tous les premiers ministres sont passés à la

---

14. Il s'agit vraisemblablement d'une adaptation d'une blague sur les nouveaux riches russes. Certaines sont beaucoup moins gentilles.

«Mon chien a mordu de nouveau, dit un homme à l'un des amis. J'ai dû l'amener chez le vétérinaire.

— Pour le faire euthanasier? demande l'ami.

— Non, pour lui faire aiguiser les dents.»

Ça vous fait rire? En voici une autre, pour la route.

Deux nouveaux riches russes se croisent lors d'une rencontre mondaine.

— T'as une jolie cravate! s'exclame le premier.

— Merci, répond le second. Je l'ai payé 900 $ à Paris.

— T'es idiot ou quoi? interrompt l'autre. Tu aurais pu rester tranquillement à Moscou et payer la même cravate 2000 $!

moulinette. La malheureuse dame en revient boule-
versée.

— Mon pauvre Jean, dit-elle à son mari. Que
diront-ils de toi, ces monstres, si jamais tu perds les
élections et qu'un autre te remplace ?

Jean Charest la regarde d'un air un peu interloqué.
Puis il répond, le sourire aux lèvres :

— Rassure-toi. Après ce que j'ai fait subir au
Québec, qui pourrait encore sérieusement vouloir
prendre ma place ?

28. Chaque fois que le Parti Québécois élit un
nouveau chef, la tradition veut qu'on lui raconte cette
anecdote sur l'un de ses prédécesseurs.

Celui-ci avait été hospitalisé durant une semaine.
Au bout de quelques jours, il avait reçu une lettre
pour lui signaler que l'exécutif national du parti s'était
réuni et qu'il avait adopté une résolution pour lui
souhaiter un prompt rétablissement.

La lettre fournissait même les résultats du vote :
6 « pour », 5 « contre » et 4 abstentions.

LE PREMIER MINISTRE A FORMÉ SON CABINET...

CHAPITRE 2

Le «*plusse*» meilleur pays du monde

«[Le protocole sur les changements climatiques] de Kyoto
est essentiellement un complot socialiste qui vise à
soutirer des fonds aux pays les plus riches.»

Le futur premier ministre Stephen Harper, dans une lettre
d'appel de fonds, expédiée aux membres de son défunt
parti, l'Alliance canadienne, 2002.

«Une vache émet plus de CO_2 dans l'atmosphère qu'un
puits [de gaz naturel]. C'est factuellement prouvé. Alors
est-ce qu'on peut arrêter de faire de la démagogie.»

Nathalie Normandeau, alors ministre québécoise des
Ressources naturelles et de la Faune, 14 janvier 2011.

«Je ne suis pas en faveur des pistes cyclables. Les routes
sont faites pour les autobus, les autos et les camions. Mon
cœur saigne lorsqu'un [cycliste] se fait écraser. Mais au
fond, c'est un peu de sa faute.»

Rob Ford, alors maire de Toronto, 7 mars 2007.

« Les statistiques sont aux économistes ce que les lampadaires sont aux ivrognes : elles sont plus utiles pour s'appuyer que pour s'éclairer. »

Jacques Parizeau, premier ministre du Québec, 1994.

« Montréal doit devenir la métropole et la capitale du Québec. L'âme du Québec est artificiellement établie à Québec. C'est ici [à Montréal] que le Québec est né. [...] La vraie place du monde ordinaire, c'est Montréal. »

Jean Cournoyer, ancien ministre du Travail, animateur de radio et éternel prétendant à la mairie de Montréal, en entrevue sur les ondes de RDI, 14 janvier 1996.

« Au Canada, nous ne sommes pas des couillons. [...] »

Steven Blaney, ministre canadien de la Sécurité publique et de la Protection civile, 6 octobre 2014.

« Disney vend l'image de la Gendarmerie royale, le gouvernement a offert la pièce du jour du Souvenir à la chaîne Tim Horton et, maintenant, il confie [la fabrication du] drapeau canadien à la Chine. Le gouvernement brade notre patrimoine culturel comme une bande de colporteurs qui écoulent des enjoliveurs et des peintures sur velours à l'effigie d'Elvis ! »

Charlie Angus, député fédéral de Timmins-Baie James, 2 février 2005.

> *« Tant que nous n'aurons pas fait toute la lumière sur la situation, il faut nous assurer que le public est conscient qu'il pourrait y avoir un requin dans le lac Ontario. »*

Bill Mauro, ministre des Ressources naturelles de l'Ontario, après la diffusion d'une vidéo de pêcheurs s'exclamant devant ce qui ressemblait à un requin, 16 juillet 2014. La vidéo était un canular de la chaîne Discovery pour faire la promotion de sa semaine des requins.

1. En 2005, le Collège des pathologistes américains a commis une énorme gaffe. Il a expédié par la poste des échantillons du virus de la grippe « asiatique » de 1957 dans plusieurs milliers de laboratoires à travers la planète. Le monde a frôlé la catastrophe.

Jamais à court de bonnes idées, le ministère de la Santé du Québec a pris des mesures pour éviter de commettre ce genre de bévue. Désormais, il a promis qu'il transmettra tous les échantillons de virus dangereux par télécopieur[1].

---

1. Du temps de l'URSS, une blague très semblable circulait pour se moquer des pénuries incessantes et des promesses irréalistes.

2. Il était une fois un journaliste québécois qui faisait un reportage sur la vie en prison.

— Est-ce que vous pouvez regarder la télévision? demande-t-il à un prisonnier.

— On nous permet d'écouter Occupation double, répond celui-ci. Le reste du temps, on nous enferme sans télé.

— Dommage, commente le reporter. Mais vous devez tout de même être reconnaissant qu'on vous laisse regarder Occupation double, non?

— Comment ça, reconnaissant? s'étonne le prisonnier. Cela fait partie de la punition[2]!

3. Après avoir éprouvé toutes sortes de problèmes qui ont occasionné de nombreux délais dans le traitement des dossiers, l'administration de l'assurance-emploi se donne désormais deux mois pour répondre aux demandes des chômeurs.

Elle a choisi les mois d'avril et d'octobre.

« Quand l'URSS aura atteint la phase parfaite du communisme, les miracles techniques vont se multiplier.

Vous pourrez commander des produits par téléphone et on vous les livrera par la télévision. »

2. En Italie, où Occupation double ne sévit pas, la même blague se moque de la programmation des chaînes de télé appartenant à l'ex-premier ministre, Sylvio Berlusconi.

4. Il y a quelques années, des ingénieurs de l'aviation américaine ont fabriqué un canon ultra-perfectionné pour lancer des poulets sur les avions. Les scientifiques espèrent ainsi pouvoir évaluer la solidité des pare-brise en cas de collision avec un volatile.

Le ministre de la Défense du Canada, Peter MacKay, se montre très intéressé par le nouvel engin. Il fait même venir un prototype chez lui pour procéder le plus vite possible à des tests sur les appareils canadiens.

Le premier essai, supervisé par le ministre MacKay lui-même, se termine par un désastre. La carcasse du poulet, lancée à très haute vitesse, fracasse le pare-brise de l'avion. Elle arrache ensuite au passage le siège du pilote et elle termine sa course au fond de l'appareil, après avoir défoncé deux cloisons métalliques.

Le ministre MacKay est catastrophé. Il rapporte aussitôt l'incident aux ingénieurs américains.

Leur réponse tient en une seule phrase :

— Monsieur le Ministre, faites d'abord dégeler votre poulet[3] !

---

3. Remise au goût du jour d'une légende urbaine très en vogue dans les années 1970.

5. Il était une fois un gars qui se rendait à un examen d'embauche pour le personnel politique du gouvernement conservateur de Stephen Harper. Rendu sur place, on lui confie une enveloppe scellée avec l'ordre de l'apporter à l'étage d'en bas.

Dès qu'il se retrouve seul, le gars se cache dans un recoin pour ouvrir l'enveloppe en cachette. Elle contient un message. « Vous êtes notre genre de salopard. Vous êtes embauché[4]. »

6. Au Canada, la Cour suprême a déterminé que personne ne peut être obligé à prendre sa retraite. En politique, par exemple, un individu peut parfaitement occuper un poste de ministre jusqu'à sa mort. C'est seulement par la suite qu'on lui proposera de devenir sénateur[5].

7. Combien faut-il de militants de Québec solidaire pour faire un gâteau au chocolat ?

---

4. Aux États-Unis, l'examen d'embauche est plutôt celui de la CIA.

5. Avant le renversement du dictateur Saddam Hussein, en 2003, un commentaire assez semblable circulait dans la petite opposition irakienne. « Saddam Hussein sera président jusqu'à sa mort. Après, il se contentera peut-être du poste de premier ministre. »

Réponse : Dix. Un pour faire la pâte et neuf pour peler les smarties[6].

8. Un jour, Dieu convoque Noé pour lui dire qu'il va provoquer un grand déluge pour débarrasser la terre des forces du Mal.

« Bâtis une grande arche afin de préserver du désastre quelques humains reconnus pour leur bonté et un couple de chacune des espèces vivantes de la planète. Tu as six mois pour te préparer. Voici les plans. »

Et Dieu disparaît dans un tourbillon de fumée blanche.

Noé, tout tremblant d'émotion, se met à la tâche.

Six mois plus tard, comme prévu, le ciel se couvre de gros nuages sombres et Dieu revient s'enquérir de son travail. À la grande surprise divine, l'envoyé est assis sur le pas de sa maison, la tête dans les mains, en train de pleurer. Et pas de traces de l'arche à l'horizon.

« Noé, où est mon arche ? », rugit Dieu.

« Pardonnez-moi, j'ai fait tout ce que je pouvais, répond l'autre. D'abord, il a fallu que j'obtienne un permis de construction pour l'arche. Comme vos plans ne rencontraient pas les normes, j'ai dû verser

---

6. En France, la même blague se moque des militants d'extrême-gauche ou des communistes.

un pot-de-vin au responsable des plans et devis pour qu'il ferme les yeux. Je croyais être au bout de mes peines et la construction allait commencer lorsque des voisins ont déposé une plainte parce qu'ils estimaient que la construction d'une arche dans ma cour violait le zonage municipal.

Attendez, ce n'est pas tout. Il a été extrêmement difficile de dénicher du bois de charpente pour construire l'arche parce que les forêts des alentours sont protégées afin de ne pas nuire à une espèce rarissime de mulot. J'ai dû convaincre les environnementalistes que j'avais justement besoin du bois pour les sauver. C'est à peu près à cette époque que j'ai été poursuivi par un groupe de défense des droits des animaux. Ils ont été déboutés en Cour suprême, mais à ce moment-là le Bureau des audiences publiques sur l'environnement m'avait avisé que les travaux ne pouvaient être complétés sans la tenue d'une vaste consultation publique. Ensuite le ministère de la Sécurité publique a exigé une carte de la zone inondable qu'allait créer le déluge. Je leur ai expédié un globe terrestre, mais ils n'ont rien compris.

En ce moment, je dois aller témoigner devant la Commission de santé et sécurité au travail, devant le Bureau de la sécurité dans les transports ainsi que devant un comité parlementaire chargé de l'équité salariale. Le ministère du Revenu en a profité pour saisir tous mes actifs bancaires, sous prétexte que j'allais peut-être quitter le pays sans acquitter mes taxes. Quant à Hydro-Québec, elle exige que je sois désormais assujetti aux tarifs commerciaux d'électricité.

Mon Dieu, je suis désolé, mais je crois que j'aurai besoin d'au moins cinq années supplémentaires pour compléter le travail. »

Soudain, le ciel commence à se dégager et le soleil se remet à briller. Un arc-en-ciel apparaît. Voyant cela, Noé sourit et demande à Dieu s'il a renoncé à son projet de détruire la Terre.

« Non, répond l'Être suprême, c'est déjà fait ».

9. La scène se déroule à la commission Bastarache, mise sur pied par le gouvernement de Jean Charest, en 2011 pour examiner le processus de nomination des juges. Le procureur principal interroge un témoin.

— Est-ce que vous réalisez que vous êtes devenu le complice d'un exercice cynique et partial, qui cause un tort considérable à notre système de justice ?

À la surprise générale, le témoin regarde par la fenêtre, comme s'il n'avait pas entendu.

Le procureur répète sa question. Beaucoup plus fort.

— Est-ce que vous réalisez que vous êtes devenu le complice d'un exercice cynique et partial, qui cause un tort considérable à notre système de justice ?

Encore une fois, le témoin ne répond pas.

Le juge Bastarache se penche alors vers le témoin :

— Monsieur, veuillez répondre à la question, s'il vous plaît.

Le témoin sursaute, comme si on venait de le réveiller.

— Pardonnez-moi, Monsieur le Juge. Je croyais que la question vous était adressée.

10. À quel endroit vas-tu lorsqu'on annonce la fin du monde pour le lendemain ? Réponse : à un congrès du Parti conservateur du Canada, car les membres ont généralement 100 ans de retard sur le reste du monde[7].

11. Un fermier surveille ses animaux dans un pâturage éloigné, quelque part au Québec, quand soudain une rutilante BMW s'avance vers lui dans un nuage de poussière.

Le conducteur, un jeune homme portant un complet très chic s'étire le cou par la fenêtre et demande au fermier :

---

7. Adaptation d'une citation célèbre, souvent attribuée à l'écrivain Mark Twain : « Quand la fin du monde va survenir, je veux être à Cincinnati, parce qu'ils ont toujours 20 ans en retard. »

— Si je te dis exactement combien de vaches et de veaux il y a dans ton troupeau, me donneras-tu un veau ?

Le fermier regarde l'homme, puis jette un regard vers son troupeau en train de brouter tranquillement, et il répond avec calme :

— Pourquoi pas ?

Le jeune homme stationne son auto et s'empare de son ordinateur portable, pour ensuite le brancher à son cellulaire. Il contacte ensuite un satellite pour obtenir un positionnement exact. Puis, il fournit les coordonnées à un autre satellite, qui photographie le secteur en ultra-haute résolution.

Il effectue d'autres vérifications savantes et il reçoit une réponse après quelques minutes. Finalement, après avoir imprimé sur sa mini-imprimante en couleur un rapport de 150 pages, il se tourne triomphalement vers le fermier et il lui dit :

— Tu as exactement 1 586 vaches et veaux.

Le fermier semble un peu étonné. Mais il se ressaisit assez vite pour lui dire :

— C'est vrai. Tu peux prendre un de mes veaux.

Le fermier observe le jeune homme choisir un animal puis l'installer dans le coffre de sa BMW.

À la fin, il lui demande :

Si je te dis où tu travailles, me redonneras-tu mon veau ?

L'autre réfléchit un instant avant de répondre :

— Pourquoi pas ?

— Tu travailles au ministère de l'Agriculture du Québec.

— C'est exact, dit l'homme. Comment as-tu deviné ?

— Je n'ai pas eu besoin de deviner, explique le fermier. Tu veux me faire payer pour une information que je connaissais déjà, en répondant à une question que je n'avais pas posée. Tu utilises des méthodes coûteuses qui ne réussissent pas à masquer le fait que tu ne connais rien à l'élevage, et encore moins aux vaches.

Ce que tu as devant toi, c'est un troupeau de moutons !

Maintenant, redonne-moi mon chien.

12. Un jeune député demande à un vétéran ministre, lors d'une soirée bien arrosée :

— Monsieur, est-ce qu'un politicien doit dire la vérité ?

Et le ministre répond : « Oui, mon fils. Dans le difficile métier qui est le nôtre, nous devons vraiment être prêts à tout. »

13. Un diplomate étranger, peu familier avec la langue française et les habitudes de l'administration au Québec, désire rencontrer l'un des directeurs du ministère de l'Éducation. Au bout de plusieurs appels téléphoniques infructueux, le pauvre homme se demande bien pourquoi on lui répond toujours immanquablement : « Il est en réunion. »

Croyant qu'il s'agit d'une formule de politesse, le diplomate se présente donc aux bureaux la commission.

« *Yé souis en réounione* », dit-il fièrement à la réceptionniste.

« Pas mal, lui répond la dame. Sauf que pour les tests d'embauche comme directeur, revenez plus tard. Le responsable est sorti prendre un café. »

14. Pourquoi les amiraux canadiens étaient-ils farouchement opposés à la création du Musée de la Guerre, il y a quelques années ?

Ils craignaient qu'on y entrepose immédiatement les trois quarts de la flotte.

15. Un ministre conservateur qui vient de mourir se retrouve aux portes du paradis. Il est accueilli par saint Pierre.

— Bienvenue, dit le saint. Avant de vous laisser entrer, il faut régler un dernier détail. Nous n'avons pas l'habitude d'accueillir des ministres, par ici, alors nous ne savons pas trop quoi faire de vous.

— Pas de problème, vous n'avez qu'à me laisser entrer, suggère le ministre.

— Il faut d'abord que vous passiez un jour en enfer, et un autre au paradis, répond saint Pierre. Ensuite, vous choisirez où vous désirez passer l'éternité.

— Mais c'est tout décidé! Je choisis le paradis, insiste le ministre.

— Désolé. J'ai reçu des ordres d'en haut, s'excuse le gardien.

Sur ces bonnes paroles, saint Pierre escorte le ministre jusqu'à un ascenseur. Le ministre descend ensuite jusqu'aux enfers.

Arrivé en bas, les portes s'ouvrent sur un terrain de golf paradisiaque. À quelques dizaines de mètres, le ministre aperçoit tous ses amis et collègues politiciens, rassemblés dans le pavillon central. Dès qu'ils l'aperçoivent, ils viennent l'accueillir.

L'ambiance est formidable, joyeuse, décontractée. Ensemble, ils disputent une partie de golf amicale, avant de s'attabler dans le restaurant pour un délicieux souper de homard, copieusement arrosé de champagne.

Le diable circule parmi les convives, multipliant les blagues et les bons mots. La fête se poursuit jusqu'au petit matin.

À la fin, le ministre doit s'en aller visiter le paradis. Tout le monde l'accompagne jusqu'à l'ascenseur et on lui envoie la main au moment où les portes se referment.

Au paradis, durant les 24 heures suivantes, le ministre côtoie un groupe d'angelots qui bondissent d'un nuage à l'autre, en jouant de la harpe et en chantant des chansons de boy-scouts. La journée passe et le ministre se retrouve de nouveau devant saint Pierre.

— Le moment est venu de décider où vous passerez l'éternité, explique saint Pierre.

Le ministre réfléchit une minute, avant de répondre

— Je n'aurais jamais cru cela. Le paradis n'est pas si mal, mais je crois que je préfère l'enfer.

Saint Pierre escorte alors le ministre jusqu'à l'ascenseur, qui redescend aux enfers.

Lorsque les portes s'ouvrent, le terrain de golf a disparu. À la place, le ministre se retrouve au milieu d'un vaste dépotoir. Il aperçoit ses amis, vêtus de haillons, qui fouillent dans les déchets.

Le ministre se précipite sur le diable, qui le regarde en ricanant.

— Je ne comprends pas, proteste-t-il. Hier encore, lorsque j'étais ici, il y avait un terrain de golf enchanteur et un restaurant où nous mangions du homard. Maintenant, tout cela s'est transformé en dépotoir. Que s'est-il passé?

Le diable regarde alors le ministre avec un air de pitié, avant de répondre :

— Hier, nous faisions campagne. Aujourd'hui, tu as voté[8].

16. En 2002, la responsable des communications du premier ministre Jean Chrétien a dû démissionner après avoir traité le président américain George W. Bush de « crétin », en marge d'un sommet de l'OTAN, à Prague.

---

8. Une blague du même genre circulait en 1984-1985 en Grande-Bretagne. À l'époque, le pays était secoué par la grande grève du charbon, une lutte à finir entre les mineurs et le gouvernement conservateur de Margaret Thatcher.

« Un mineur de charbon vient de mourir. Il se présente aux portes du paradis. À peine arrivé, il entend des rires, des cris de joie et de la musique "endiablée", qui proviennent de l'intérieur.

Le mineur se montre très étonné. Dès que saint Pierre se présente pour ouvrir les portes, il lui demande : « Est-ce que vous faites la fête pour moi ? Après tout, je ne suis qu'un mineur du charbon. »

— Non, lui répond saint Pierre. Nous recevons des mineurs du charbon à toutes les semaines. La fête d'aujourd'hui souligne plutôt un événement unique. Figurez-vous que nous venons de laisser entrer un ministre conservateur. Ici, personne ne se souvient de la dernière fois que nous en avions accueilli un ! »

À la rigueur, on lui aurait pardonné d'avoir insulté le dirigeant d'un pays ami. Mais dans le cas de George W. Bush, de quel droit s'était-elle permis de révéler un secret d'État[9]?

17. Au lendemain de son élection surprise, le 7 avril 2014, le nouveau gouvernement libéral dirigé par le premier ministre Philippe Couillard a décidé de lancer une vaste consultation sur la politique budgétaire du Québec.

Mais au dernier moment, l'exercice a dû être annulé.

Le gouvernement craignait de ne pas avoir fini de rédiger les conclusions finales avant que la consultation ne débute[10]…

---

9. En Serbie, on disait qu'un citoyen avait été condamné à quatre ans et quatre jours de prison pour avoir dit que Milosevic était une crapule. À un journaliste occidental qui s'étonnait de la durée un peu bizarre de la sentence, le juge aurait répondu : «Les quatre jours, c'est pour avoir injurié le président. Les quatre ans, c'est pour avoir divulgué un secret d'État. »

10. Plusieurs blagues du même genre circulaient en Allemagne de l'Est, la défunte République démocratique allemande (RDA).

«En RDA, au moment de voter, chaque citoyen se fait remettre une enveloppe cachetée.

18. Récemment, un officier canadien a été arrêté pour espionnage. Le ministre de la Défense, Peter MacKay, s'est demandé comment il avait été repéré.

— Lors de votre dernier discours, le suspect était le seul qui soit resté éveillé, lui explique un fonctionnaire. Vous dites souvent que l'ennemi ne dort jamais. Alors on l'a identifié.

Le ministre est très impressionné. Mais il est déçu que l'assistance se soit endormie.

— C'est pas ma faute, a-t-il dit. J'avais demandé un discours de 20 minutes et on m'a rédigé une allocution d'une heure.

— Mais M. MacKay, a répondu l'autre, c'est qu'il ne fallait pas lire les trois copies!

––––––––––

Si d'aventure il essaie d'ouvrir l'enveloppe avant de la déposer dans la boîte de scrutin, le directeur du scrutin intervient immédiatement.

— Voyons, camarade, qu'allez-vous faire là? Vous ne savez pas qu'il s'agit d'un vote secret?»

Une autre blague célèbre de la RDA se racontait comme suit:

«Le gouvernement de la RDA vient d'annoncer que les élections ont dû être reportées à une date ultérieure. Au petit matin, des voleurs ont dérobé l'enveloppe contenant les résultats du scrutin.»

19. Il peut paraître étrange que la Suisse, qui ne dispose d'aucun accès à la mer, ait un ministère de la Marine. Mais pas tant que cela. Après tout, le Québec n'a-t-il pas un ministère des Finances[11] ?

---

11. En Grèce, à l'automne 2011, une version allongée de cette blague circulait. Elle racontait une rencontre officielle entre l'ancien premier ministre grec, George Papandréou, et son homologue suisse.

Le Grec présente d'abord ses collègues, les ministres de la Justice, de la Santé, de l'Éducation et de l'Économie. Le Suisse présente ensuite ses propres confrères, les ministres de la Justice, du Travail, de la Santé et de la Marine…

En entendant les mots «ministre de la Marine», le premier ministre grec pouffe de rire.

— Pardonnez-moi, dit-il. Je rigole parce que vous avez un ministre de la Marine, alors que la Suisse n'a même pas d'accès à la mer !

— Et alors ? répond le Suisse. Moi, j'ai eu la politesse de ne pas rire lorsque vous avez présenté vos ministres de la Justice, de la Santé, de l'Éducation et de l'Économie.

Dans son livre *Rire et Résistance : Humour sous le IIIe Reich* (Michalon, 2013), l'auteur Rudolph Herzog raconte cette histoire «drôle» qui circulait en Allemagne, peu après l'arrivée des nazis au pouvoir durant les années 1930.

«En Suisse, un bonze nazi se renseigne sur l'utilité d'un bâtiment public. "C'est notre ministère de la Marine", répond le Suisse. Le nazi rit et se moque : "Vous autres, avec vos deux ou trois bateaux, quel besoin avez-vous d'un ministère de la Marine ?" Là-dessus, le Suisse répond : "Oui, et pourquoi

20. On raconte que le Québec et la Grande-Bretagne signeront bientôt une entente pour échanger leur savoir-faire en matière de sécurité routière.

Le ministère des Transports du Québec a annoncé qu'en vertu de l'accord, le Québec adoptera progressivement la conduite automobile à gauche, à la manière britannique. Jamais à court de bonnes idées, le Ministère veut amorcer l'expérience avec 100 automobiles.

Des volontaires[12]?

21. « L'équilibre budgétaire est à l'horizon », répète le premier ministre du Québec, Philippe Couillard.

« Mais au fait, qu'est-ce que l'horizon ? » ont demandé plusieurs ministres, lors d'une réunion récente.

---

avez-vous encore besoin d'un ministère de la Justice en Allemagne ?" »

12. La réalité dépasse parfois la fiction. Au début des années 1970, le président ougandais avait promis une série de mesures pour en finir avec les vestiges de la colonisation britannique.

— Est-ce que votre plan inclut l'abandon du code de la route britannique et l'imposition de la conduite à droite ? avaient demandé les journalistes.

Et le président avait répondu :

— Oui, graduellement.

Et le chef du gouvernement a répondu : « Une ligne qui s'éloigne à mesure que l'on s'approche[13]. »

22. Le premier ministre Stephen Harper demande à des ingénieurs de modifier l'avion utilisé pour ses déplacements officiels afin qu'il se sente davantage en sécurité.

Il veut faire installer deux ailes droites…

23. Le gouvernement du Québec décide de prendre part au prochain rendez-vous international de grands voiliers, en faisant construire un navire qui représente bien le caractère singulier de notre identité.

« À quoi reconnaîtra-t-on le navire du gouvernement québécois ? »

Réponse : « C'est celui qui prendra l'eau par le haut[14]. »

---

13. Une autre version mettait en scène la chef du Parti Québécois, Pauline Marois. « L'indépendance est à l'horizon », répète Pauline Marois.

« Mais au fait, qu'est-ce que l'horizon ? » demandent les militants péquistes lors du dernier congrès du parti.

Et la chef du PQ répond : « Une ligne qui s'éloigne à mesure que l'on s'approche. »

14. Adaptation d'un trait d'humour britannique. À moins que la blague ne s'inspire d'un proverbe turc : « Le poisson pourrit par la tête. »

24. En 2013, le gouvernement péquiste de Pauline Marois dépose son projet de Charte des valeurs québécoises, qui veut notamment interdire aux fonctionnaires le port du voile sur les lieux de travail. Apparemment, le gouvernement ne dispose d'aucune statistique pour évaluer l'ampleur du phénomène. Mais pour rassurer tout le monde, il se propose d'expédier le message suivant à tous les ministères.

— Embauchez de toute urgence des musulmanes qui portent le voile. Sinon, la charte sera peut-être inutile !

CHAPITRE 3
L'industrie de la corruption

« Je ne confirmerai pas non plus que je ne peux pas l'exclure. »

Frank Zampino, ancien président du comité exécutif de la
Ville de Montréal, devant la commission Charbonneau, le
17 avril 2013. M. Zampino était interrogé sur ses liens
présumés avec la mafia montréalaise.

*« Un salaire de 100 000 $ par an est vite dépensé.
Enlevez les vêtements, le chauffage, etc., il te reste
juste de quoi manger tes rôties le matin. »*

Lise Thibault, ancienne lieutenant-gouverneure du Québec,
durant son procès pour fraude et abus de confiance, le
30 juillet 2014. Outre son salaire d'environ 100 000 $ par an,
Mme Thibault percevait aussi une subvention fédérale
annuelle de 140 000 $ et 4 800 $ en allocations du
gouvernement du Québec.

« Je ne suis pas au courant de tout ce que j'ai appris. »

Gérald Tremblay, ancien maire de Montréal, devant la
Commission Charbonneau, le 25 avril 2013.

« La mémoire est une faculté affaiblie. »

Alfonso Gagliano, ancien ministre fédéral des Travaux
publics, témoignant devant la Commission d'enquête
Gomery sur le scandale des commandites, 2 février 2005.

*« Ne demande pas à un politicien de t'aider.
Demande-lui de ne pas te nuire. »*

Tony Accurso, grand entrepreneur en construction du
Québec, citant son père, devant la Commission
Charbonneau, 5 septembre 2014.

*« Êtes-vous en train de nous dire que
vous êtes imbécile et incompétent ? »*

France Charbonneau, présidente de la Commission
d'enquête sur l'octroi et la gestion des contrats publics dans
l'industrie de la construction, lors de l'interrogatoire de
l'ex-directeur des travaux publics de Montréal, Robert
Marcil, 27 février 2013.

1. Lors du dernier Congrès du Parti libéral, un
homme s'est aperçu qu'il avait perdu son portefeuille.
Dans l'espoir de le retrouver au plus vite, il s'est
emparé d'un micro et a déclaré :

— Mesdames et messieurs, j'ai égaré mon porte-feuille. Il contenait 2 000 $. J'offre 100 $ à la personne qui me le retrouvera.

Et c'est alors qu'on a entendu une petite voix, au fond de la salle :

— J'offre 150 $!

2. C'est jour d'élections au Québec. Un homme s'en va voter en compagnie de son chien. Arrivé à proximité du bureau de vote, il attache l'animal à un poteau téléphonique. Aussitôt le chien se met à japper. L'homme n'y fait pas attention et entre dans le bureau. Pas de chance, il y a un monde fou. Il lui faudra 20 bonnes minutes avant de pouvoir mettre son bulletin de vote dans l'urne. Vingt minutes au cours desquelles le cabot continue à aboyer à s'en péter les cordes vocales. Au moment où il va sortir, une scrutatrice intriguée lui demande ce qui cloche avec l'animal. «Oh, ce n'est rien. Nous avons déménagé, et ça le rend un peu nostalgique, répond-il. Pendant des années, nous habitions dans la ville de Laval. Lors de la dernière élection municipale, il avait pu voter 14 fois pour le maire Gilles Vaillancourt. »

3. Un organisateur politique québécois fait de l'insomnie après avoir récolté illégalement une grosse somme d'argent comptant. Pour apaiser sa conscience, il décide d'en verser une partie à une œuvre de charité.

— Voilà 15 000 $, écrit-il à l'organisation, dans la lettre qui accompagne la liasse de billets de banque. Après, si je n'arrive toujours pas à dormir, je vous envoie le reste.

4. Il était une fois un vieux politicien, réputé incorruptible, qui agonisait.

Avant de mourir, il demande à son fils de faire disparaître une boîte cachée dans un placard.

Le fils ne peut s'empêcher de regarder à l'intérieur de la boîte. Il y voit trois bouteilles vides et une imposante liasse de billets.

Intrigué, il retourne voir le père.

— Pardonne-moi, j'ai ouvert la boîte. Pourquoi les trois bouteilles?

— Chaque fois que j'acceptais un pot-de-vin, je mettais une bouteille vide dans la boîte, répond l'autre.

Le fils est estomaqué. Mais il se dit que trois erreurs, durant une aussi longue carrière, ça ne fait pas beaucoup.

— Et les billets, je suppose que c'est l'argent des pots-de-vin? demande-t-il.

— Pas du tout, explique le père. Quand il y avait trop de bouteilles vides dans la boîte, je les échangeais pour l'argent de la consigne.

5. L'autre jour, deux hommes sont entrés en coup de vent dans une banque et ont braqué un fusil sur le gérant.

— C'est un hold-up! ont-ils crié.

Et vous savez ce que l'homme a répondu?

— Ouf, vous n'êtes que de simples voleurs. Vous m'avez fait vraiment peur. Pendant un instant, j'ai cru que vous étiez des gros bras de la FTQ construction!

6. Un entrepreneur en construction voulait remercier un ministre pour l'obtention de plusieurs contrats. À la fin d'un cocktail, quand ils se retrouvent seuls, il lui offre une voiture sport.

— Désolé, répond le ministre. En tant que titulaire d'une charge publique, je ne peux accepter un tel cadeau.

Le gars est déçu, mais il ne renonce pas. Il réfléchit un peu avant de proposer.

— D'accord, vous ne pouvez pas l'accepter gratuitement. Mais est-ce que je pourrais vous la vendre à un prix d'ami, disons pour la somme de 50 $?

Cette fois, c'est le ministre qui prend le temps de réfléchir un peu, avant de répondre.

— À ce prix-là, est-ce que je pourrais en avoir deux[1]?

---

1. Une version égyptienne mettait en scène un ministre du président Hosni Moubarak, avant le soulèvement de janvier 2011.

7. Quelle est la différence entre la mafia et la CLASSE, l'association étudiante la plus militante lors du printemps «érable» de 2012?

Réponse: La mafia n'a jamais eu besoin de dénoncer la violence pour rencontrer un ministre du gouvernement libéral[2].

8. Cinq politiciens québécois purgent de longues peines de prison reliées à la corruption. Pour s'amuser, ils se racontent encore et encore les meilleurs mensonges qu'ils ont propagés pour duper tout le monde.

Les trois compères ne veulent pas que les gardiens entendent le récit de leurs exploits. Alors ils ont donné à chaque mensonge un numéro.

— 29! s'écrie l'un d'eux.

Les autres se mettent à rire.

— 41! s'écrie un autre.

Éclat de rire généralisé.

Un jour, un autre prisonnier remarque le manège. Il décide d'entrer dans le jeu.

— 29! s'exclame-t-il. À sa grande surprise, personne n'éclate de rire. Les politiciens ne sourient même pas.

— Comment est-ce possible? Qu'est-ce que j'ai fait de travers? demande-t-il.

_____

2. Cité par *Urbania*, mai 2012.

— Oh, tu sais, lui explique avec condescendance un politicien. Savoir bien mentir, ce n'est pas donné à tout le monde[3].

9. Pourquoi le Québec possède-t-il une quantité impressionnante de politiciens véreux, tandis que l'Ontario compte davantage de lieux d'entreposage de produits radioactifs?

L'Ontario a eu le premier choix[4].

10. Un loup se rend à la boucherie. Il regarde le menu. Le lièvre poète se vend 10 $ le kilo. Le lièvre musicien : 10 $ le kilo. Le lièvre politicien : 500 $ le kilo.

Le loup interpelle le boucher.

« Franchement ! Le lièvre politicien à 500 $ le kilo, ça me semble exagéré. »

Le boucher le regarde droit dans les yeux.

« Le lièvre politicien trop cher ? On voit bien que vous n'y connaissez rien. Vous n'avez aucune idée du temps qu'il faut pour en nettoyer un ! »

---

3. Dans la version soviétique, les prisonniers donnent des numéros à des blagues politiques.

4. Aux États-Unis, la blague se lit parfois comme suit : « Pourquoi le New Jersey possède une quantité impressionnante de politiciens véreux tandis que le Nevada accueille le principal lieu d'entreposage de produits radioactifs?

Le Nevada a eu le premier choix. »

11. Après son élection, lors du scrutin provincial de 2003, un jeune député d'une circonscription située sur l'île de Laval s'empresse de téléphoner au tout-puissant maire de Laval, Gilles Vaillancourt, pour le remercier de son appui.

— Monsieur le Maire, je m'apprête à faire une intervention publique, avait-il expliqué. Est-ce que vous voulez que je vous accorde du crédit pour ma victoire ?

— Non, Monsieur, avait répondu le maire Vaillancourt. Aucun crédit. Je n'accepte que de l'argent comptant[5].

12. Quelle est la différence entre la grippe H1N1 et les viaducs construits par le ministère des Transports du Québec ?

------

5. En mai 2011, juste après l'assassinat d'Oussama ben Laden, le *Huffington Post* citait la même histoire qui circulait au Pakistan.

Quelques minutes avant d'annoncer officiellement la mort de ben Laden, le président américain Barack Obama aurait téléphoné à son homologue pakistanais, Asif Ali Zardari, pour le prévenir.

— Monsieur le président, je m'apprête à annoncer la mort du terroriste Oussama ben Laden au monde entier, explique Barack Obama. Est-ce que vous voulez que je vous donne du crédit pour la réussite de l'opération ?

— Non, Monsieur, aurait répondu le Pakistanais. Aucun crédit. Je n'accepte que de l'argent comptant.

Simple. Les viaducs du Ministère ont tué bien plus de gens[6].

13. L'examen de philosophie va commencer.

À ce moment, le professeur place sa chaise sur son bureau, en expliquant : « À l'aide ce que vous avez appris durant ce cours, prouvez-moi que cette chaise n'existe pas. »

Les étudiants se mettent à écrire fébrilement. Tous, sauf le maire de Montréal, Gérald Tremblay. Celui-là griffonne deux mots sur sa feuille, puis il la remet au professeur.

Une semaine plus tard, c'est la remise des copies. À la surprise générale, le maire Tremblay obtient une note parfaite, même s'il a consacré seulement quelques secondes à son examen.

Sa réponse tient en deux mots : « Quelle chaise[7] ? »

---

6. Il s'agit probablement de l'adaptation d'une cruelle blague russe du début des années 1990 : « Quelle est la différence entre les missiles Scud irakiens et la compagnie [de transport aérien] Aeroflot ?

Simple. Aeroflot a tué bien plus de gens. »

7. Dans son livre *Prolétaires de tous les pays, excusez-moi* (Buchet\Chastel, 2007), l'auteure Amandine Regamey propose cette version qui remonte à l'Union soviétique des années 1960.

« Un socialiste, un capitaliste et un communiste se sont donné rendez-vous. Le socialiste est en retard.

14. « Un politicien québécois se fait offrir une lampe à la fin d'un discours.

Pour rire, il se met à la frotter, comme Aladin avec sa lampe.

Pouf ! Un génie apparaît !

— Tu m'as libéré. Pour te remercier, j'exaucerai un vœu, dit le génie au politicien. Tu peux choisir entre la richesse infinie, la sagesse que procure la connaissance universelle, le pouvoir absolu et la beauté éternelle.

Le politicien hésite. Mais pour bien paraître devant ses électeurs, il opte pour la sagesse.

Pouf ! Le vœu est aussitôt exaucé. « Maintenant, dis-nous quelque chose d'intelligent, de profond et de vraiment sincère », ordonne le génie.

Le politicien répond, le regard vide : « J'aurais dû choisir autre chose. »

15. Le maire de Montréal, Gérald Tremblay, effectue une croisière sur le Nil en compagnie de nombreux touristes.

Soudain, le bateau heurte un rocher et commence à sombrer. Les touristes se mettent bientôt à pousser

---

— Excusez-moi, j'ai du retard, dit-il, je faisais la queue pour du saucisson.

— Qu'est-ce qu'une queue ? demande le capitaliste.

— Qu'est-ce que du saucisson ? demande le communiste. »

des cris d'horreur en apercevant un groupe de crocodiles qui s'approchent. Seul le maire Tremblay persiste à ne rien voir du danger :

— Oh, comme ce pays est raffiné !, s'exclame-t-il. Il a même des canots de sauvetage Lacoste[8] !

16. Un autobus rempli de politiciens se rendait en visite officielle en Gaspésie. Pas de chance, en descendant une pente particulièrement raide, l'autobus manque de freins et plonge dans un ravin.

À leur arrivée sur les lieux, les secouristes trouvent un homme qui s'affaire à égaliser la terre sur une série de trous.

— Où sont les survivants ?, demandent les secouristes hors d'haleine.

— Six pieds sous terre, répond l'homme. J'ai creusé une série de trous et je les ai tous placés dedans. La plupart me juraient qu'ils étaient vivants. Mais vous savez ce que c'est, avec les politiciens. Comme je ne croyais pas un mot de ce qu'ils disaient, je n'ai pas pris de chance. Je les ai tous enterrés[9].

_____

8. Dans une autre formulation, le touriste inconscient est un membre du Comité international olympique (CIO).

9. La même blague circulait en Grèce, au plus fort de la crise économique, en 2011.

17. Au cours des années 2010, 2011 et 2012, la presse a publié plusieurs photos montrant des mafiosos en compagnie de ministres libéraux. À la fin, plusieurs caïds de la mafia ont lancé un cri du cœur, au cours d'une conférence de presse.

« S'il vous plaît, est-ce que vous pourriez cesser de nous montrer en compagnie de ministres libéraux, c'est vraiment très mauvais pour notre réputation. Merci[10]. »

18. Deux touristes québécois se baladent dans le cimetière du Père-Lachaise à Paris. Soudain, ils aperçoivent une foule autour d'un cercueil. Les compères décident de s'approcher.

« Nous enterrons aujourd'hui un grand politicien et un honnête homme », affirme le curé.

En entendant ces mots, l'un des promeneurs se tourne vers l'autre pour lui glisser à l'oreille : « Je ne

---

10. Il semble que cette formulation soit une lointaine descendante d'une blague classique :

« Un gars entre dans un bar.

— Tous les politiciens sont des idiots, s'écrie-t-il en s'asseyant.

Un client se lève d'un bond : « Je vous trouve très impoli ! J'exige des excuses. »

— Pourquoi, vous êtes politicien ?

— Non, je suis idiot.

savais pas qu'en France, on pouvait enterrer deux personnes différentes au même endroit. »

19. Le vieux politicien Bigot était accusé d'avoir demandé de l'argent en échange d'un contrat de voirie à l'entrepreneur Paul Lafortune. Ce dernier avait porté plainte, après s'être engueulé avec le politicien.

Le vieux politicien se défendait d'avoir offert quoi que ce soit à l'entrepreneur. Au contraire, il soutenait que ce dernier avait tenté de le corrompre. Pire, quand il avait vu que le politicien refusait son argent, l'entrepreneur Lafortune aurait menacé de lui faire casser les jambes.

Bref, le juge aurait à choisir entre la parole du politicien et celle de l'entrepreneur.

Quelques jours avant le début de son procès, le vieux politicien Bigot confie à son avocat.

— On m'a dit que c'est le juge Sansfaçon qui s'occupe du procès. Je ne le connais pas, mais je vais lui expédier une enveloppe pleine d'argent pour gagner ses faveurs.

— Ne faites surtout pas cela ! s'écrie l'avocat. Le juge Sansfaçon est un homme très à cheval sur les principes. Si vous lui donnez un cadeau, vous pouvez être sûr qu'il vous condamnera.

L'avocat demande aussitôt au vieux politicien de promettre qu'il va suivre son conseil. Le vieux politicien promet et la discussion dévie sur un autre sujet.

Le jour du procès arrive. Après avoir écouté les témoignages de chacun, le juge donne raison au politicien. « Connaissant la réputation de l'entrepreneur Lafortune, commente-t-il, on a du mal à croire à sa parole. M. Bigot n'est pas coupable… »

Peu après, le vieux politicien et son avocat se retrouvent au restaurant pour fêter leur victoire. « Merci pour vos conseils, dit le politicien. Mais vous savez, entre nous, j'ai tout de même expédié de l'argent au juge, juste au cas où. »

L'avocat n'en revient pas. « Quoi ? Vous avez envoyé de l'argent au juge Sansfaçon ? Mais c'était de la folie pure ! »

Le politicien sourit. « J'ai fait mieux que lui expédier de l'argent, explique-t-il. Dans l'enveloppe, j'ai aussi inséré une petite note pour le remercier et pour lui dire à quel point j'espérais qu'il se souviendrait de ma générosité, au moment opportun. »

Et j'ai signé Paul Lafortune, entrepreneur.

CHAPITRE 4

Le plus vieux métier du monde

« On m'a souvent dit que la politique était le second plus vieux métier du monde, et j'ai fini par penser qu'il n'était pas très éloigné du premier. »

Ronald Reagan, président des États-Unis.

« Nous sommes prêts à jouer un rôle militaire de nature non combattante. »

Marc Garneau, député du Parti libéral du Canada, 6 octobre 2014, à propos de l'engagement canadien aux côtés de la coalition luttant contre l'État islamique.

« C'est pas si difficile [de renflouer les coffres du parti] parce qu'on a quelque chose que le monde veut acheter. On a Justin [Trudeau] et Justin est très vendable. »

Stephen Bronfman, homme d'affaires montréalais et directeur du financement du Parti libéral du Canada, sur les ondes de RDI, 28 août 2013.

« Les programmes des partis politiques, c'est comme une police d'assurance : personne ne les lit. »

Daniel Johnson, premier ministre du Québec,
Le Devoir, 26 août 1994.

« Je ne suis pas le genre de gars à me mettre la tête dans l'autruche. »

Gérard Deltell, ancien chef de l'Action démocratique du Québec, décembre 2011.

« Si vous êtes pour dire quelque chose que vous pensez que je ne dirais pas, dites-le pas. »

Philippe Couillard, premier ministre du Québec, à l'intention de ses collègues du Conseil des ministres, 17 juillet 2014.

« Le Christ, qui est notre chef, là, qui est celui qui a créé la religion catholique. L'avez-vous déjà vu critiquer les autorités civiles ? Jamais. »

Jean Tremblay, maire de Saguenay, en 2007.

« Vous aurez des questions à vos réponses en chambre. »

Lise Thériault, ministre de la Sécurité publique et vice-première ministre du Québec, après l'évasion rocambolesque de trois détenus de la prison d'Orsainville, à Québec, 11 juin 2014.

« Le fait de bien parler en anglais n'est pas un problème.
Peut-être que c'est idiot de ma part, mais le plus que [sic]
je fais d'erreurs en anglais, le plus que [sic] je me sens
comme le Canadien moyen. »

Jean Chrétien, alors chef de l'Opposition officielle, 8 janvier 1993.

1. À Ottawa, peu après son élection, un nouveau député néodémocrate du Québec s'affaire à décorer son bureau.

Soudain, sa secrétaire annonce qu'un jeune homme demande à le voir. Soucieux d'impressionner ce premier électeur en visite, le député s'installe derrière son pupitre, décroche le téléphone et fait semblant de parler à quelqu'un, pendant que le jeune homme entre dans la pièce.

— Désolé, mais j'ai beaucoup de travail en ce moment et je ne pourrai m'occuper de votre campagne avant un mois, explique-t-il à son interlocuteur imaginaire, en parlant très fort pour que le visiteur entende sa conversation.

Il raccroche ensuite le combiné et s'adresse au jeune homme.

— Que puis-je faire pour vous, mon cher monsieur, demande-t-il en s'efforçant de bien « *perler* ».

— Rien du tout, répond l'autre. Je suis seulement ici pour brancher votre téléphone[1].

2. Il était une fois le nouveau pdg d'une société d'État qui voulait faire profiter le Québec de ses compétences. L'intérêt public avant tout. Le premier jour, le pdg remarque un gars qui attend à la porte d'un bureau. Le deuxième jour, il croise le même gars qui marche dans

---

1. On trouve une nouvelle version de cette blague à chaque nouvelle vague politique. En 1993, le nouveau député était un bloquiste. En 2006, il s'agissait d'un député conservateur de la région de Québec. Déjà, durant les années 1950, une rumeur tenace voulait que Maurice Bellemare, l'un des plus fidèles ministres de Maurice Duplessis, ait fait installer deux téléphones dans son bureau.

Le premier était un appareil ordinaire, raccordé au système téléphonique. Le second était branché sur le calorifère, mais personne ne devait le savoir.

Le premier était utilisé pour les communications ordinaires. Le second était utilisé pour récolter des votes.

Supposons qu'un électeur soit venu se plaindre des difficultés à obtenir un permis. Alors, le ministre Bellemare lui offrait tout un spectacle. Il décrochait son téléphone factice, composait le numéro de téléphone du service concerné et faisait semblant d'enguirlander un malheureux responsable.

Lorsque Maurice Bellemare raccrochait, l'électeur était vivement impressionné. Et le ministre venait de gagner un partisan pour la vie.

un couloir, en regardant une poignée de monnaie qu'il tient dans sa main. Le troisième jour, apercevant encore le gars dans le couloir, le pdg explose.

— Combien gagnes-tu par semaine ? demande-t-il.

— Environ 400 $, répond l'autre, un peu surpris.

Complètement hors de lui, le pdg sort un chéquier. « Tiens, voici un chèque de 1 600 $. Un mois de salaire. Ta prime de départ. Prends-la et ne remets plus jamais les pieds ici. »

Fier de son geste, le pdg regarde le gars s'éloigner. Il se tourne ensuite vers des employés qui observent la scène. « Pouvez-vous me dire ce que cet incapable faisait ici, à part perdre son temps ? » demande-t-il.

Et l'un des employés répond : « Lui ? C'est un livreur de pizza. »

3. Une étude a été menée récemment pour mesurer la criminalité dans les aéroports internationaux à travers le monde. Les chercheurs demandaient à un homme ordinaire de lire un journal dans le terminal de l'aéroport en laissant traîner un porte-documents vide à ses côtés.

Il s'agissait de mesurer combien de temps il faudrait avant que quelqu'un ne dérobe le porte-documents. À Bruxelles, il a fallu quatre minutes et 20 secondes. À Washington, trois minutes. Au Caire, une minute et demie. À Québec, l'expérience a tourné court au bout de 30 secondes, puisque le premier ministre, un certain Jean Charest, s'est précipité sur le porte-documents vide en s'écriant : « Dieu soit loué, j'ai enfin trouvé le contenu de mon Plan Nord ! »

4. On comparait la poursuite du déficit zéro chez le premier ministre Lucien Bouchard à une visite chez le dentiste.

— Pas d'aiguille. Pas d'anesthésie. Je suis pressé, explique Lucien Bouchard, en s'engouffrant dans le cabinet du dentiste. Arrachez la dent qui fait mal, une fois pour toutes.

— D'accord, répond le dentiste, d'un ton admiratif. J'aimerais avoir plus de patients aussi courageux que vous. Alors, montrez-moi la dent qu'il faut arracher ?

C'est alors que M. Bouchard se tourne vers celui qui l'accompagne :

— Ouvrez la bouche, s'il vous plaît.

5. Il était une fois un pays qui possédait un immense cimetière d'automobiles au milieu du désert. Un beau jour, le Parlement s'interroge : « Et si quelqu'un de malfaisant décidait de nous voler quelque chose durant la nuit ? »

On décide alors de créer un poste de veilleur de nuit, chargé de surveiller les précieuses carcasses de voiture. Mais le Parlement s'inquiète de nouveau :

«Comment un veilleur peut-il faire décemment son travail s'il n'a pas reçu d'instructions?» On résolut donc de créer une direction de la planification et on y embauche deux personnes: la première pour rédiger les instructions, et la seconde pour effectuer des études comparatives sur les méthodes de gestion des autres cimetières d'automobiles à travers le monde.

Mais le Parlement n'est toujours pas satisfait. «Comment pouvons-nous être bien sûrs que le veilleur suit les instructions que nous avons eu tant de mal à lui rédiger?» Pour en avoir le cœur net, on met sur pied un département de contrôle de la qualité, pour lequel on embauche deux conseillers. L'un s'assurera que les instructions sont suivies à la lettre, tandis que l'autre rédigera les rapports.

Le Parlement trouve que cela est juste et bon, mais il s'écrie soudain: «Comment allons-nous faire pour payer tous ces gens?» La mort dans l'âme, il finit par se résoudre à créer les postes suivants: un responsable des horaires et un responsable de la paye.

Tout le monde a l'air satisfait, sauf le Parlement, qui hoche de nouveau la tête. «Qui répondra du travail de tous ces employés?» Dès le lendemain, on inaugure une direction administrative constituée de trois personnes: un vice-président exécutif, un adjoint au vice-président exécutif et un secrétaire adjoint de l'adjoint au vice-président exécutif.

Le temps passe. Au bout d'un an, le Parlement dresse le bilan de la gestion du cimetière d'automobiles. «Fichtre, nous avons dépassé nos prévisions budgétaires d'environ 18 000 dollars, s'écrit-il. Il nous faut malheureusement effectuer des coupures.»

À l'unanimité, on décide alors de supprimer le poste de veilleur de nuit.

6. Jean Chrétien revient d'une mission économique à l'étranger. Il descend de l'avion avec deux petits porcelets dans les bras.

Au bas de l'escalier qui mène à terre, un officier de la Gendarmerie royale l'attend au garde-à-vous.

— Je m'excuse de ne pouvoir vous donner la main, je suis trop chargé, lui explique M. Chrétien.

— Je comprends parfaitement, Monsieur le Premier Ministre, répond le policier pour le rassurer.

— Comment les trouvez-vous, n'est-ce pas qu'ils sont adorables? continue M. Chrétien.

— Belles bêtes, Monsieur le Premier Ministre, murmure l'autre.

— J'ai reçu celui-ci pour mon ministre de la Justice, Stéphane Dion, dit Jean Chrétien en soulevant le cochonnet de droite. Et j'ai reçu l'autre pour ma ministre du Patrimoine, Sheila Copps.

— Vous avez fait un bel échange, Monsieur le Premier Ministre, conclut le policier.

7. Boris Eltsine, Bill Clinton et Bernard Landry sont autorisés à passer une journée au paradis. Juste une. Après, le trio devra obligatoirement retourner sur terre. Au moment d'entrer, Dieu leur dit qu'ils peuvent lui poser chacun une question concernant l'avenir.

Voulant impressionner les deux autres en jouant l'homme de convictions, Clinton demande :

Quand est-ce que la pauvreté disparaîtra aux États-Unis ?

Pas sous ton règne, répond Dieu.

Eltsine, voulant lui aussi impressionner l'Américain et le Québécois, demande plutôt :

— Quand est-ce que le niveau de vie des Russes deviendra égal à celui des Américains ?

Pas sous ton règne, répond encore une fois Dieu.

Au tour de Bernard Landry, maintenant. Le vice-premier ministre demande alors, la voix chargée d'émotion :

Quand donc le Parti Québécois réussira-t-il à mener avec succès une grande réforme ?

À sa grande surprise, Dieu devient alors très triste et lui répond d'une voix blanche :

Pas sous MON règne.

8. Jean Charest reçoit en cadeau un billet pour une représentation de la *Symphonie inachevée* de Schubert.

Comme il ne peut s'y rendre, il refile l'invitation à la présidente du Conseil du trésor, Monique Jérôme-Forget, qui se déclare enchantée d'aller au concert.

Le lendemain matin, la ministre lui fait le rapport suivant :

— Les quatre joueurs de hautbois demeurent inactifs pendant des périodes considérables. Il convient donc de réduire leur nombre et de répartir leur travail sur l'ensemble de la symphonie, de manière à réduire les pointes d'inactivité.

— Les douze violons jouent tous des notes identiques. Cette duplication excessive ne semblant pas revêtir un caractère nécessaire, il serait bon de réduire de manière draconienne l'effectif de cette section de l'orchestre.

— Si l'on doit jouer à plein volume, il serait possible d'y arriver plus facilement grâce à un amplificateur électronique.

— L'orchestre consacre un effort considérable à la production de triples croches. Il semble que cela constitue un raffinement excessif et il est recommandé d'arrondir toutes les notes à la double croche. En procédant de la sorte, il devrait être possible d'utiliser des stagiaires ou des sous-traitants réclamant un salaire largement inférieur.

— La répétition par les cors du passage déjà exécuté par les cordes ne présente aucune utilité véritable. Si tous les passages redondants de ce type étaient éliminés, il serait possible de réduire la durée du concert de deux heures à vingt minutes. Après tout, le temps c'est de l'argent.

— En conclusion, il est évident que si Schubert avait prêté attention à nos remarques, il aurait été en mesure d'achever sa symphonie.

9. À la fin des années 1990, le ministre de la Santé du Parti Québécois, Jean Rochon, orchestrait une chaotique réforme du système hospitalier. Au même moment, le premier ministre Lucien Bouchard répétait qu'il attendait les «conditions gagnantes» pour déclencher un référendum sur la souveraineté du Québec. D'où la question suivante : combien faut-il de Jean Rochon et de Lucien Bouchard pour changer une ampoule de 60 watts dans un hôpital ?

Réponse : Six. Pas plus, pas moins.

Un pour suggérer que si le gouvernement n'intervient pas, l'ampoule finira bien par se prendre en main et par se changer elle-même.

Un autre pour se demander si la lumière fait partie des conditions gagnantes d'un référendum sur la souveraineté.

Un troisième pour évaluer si l'ampoule de 60 watts ne peut pas être remplacée par une ampoule de 25 watts à temps partiel.

Un quatrième pour imaginer une vaste réforme au cours de laquelle on éliminerait tous les interrupteurs, ce qui permettrait d'envoyer toutes les ampoules à la retraite et de réaliser des économies appréciables.

Et les deux derniers, que font-ils?

Rassurez-vous, on ne les a pas oubliés. C'est seulement qu'ils ont décidé de passer à l'action. L'un tient l'ampoule pendant que l'autre essaie de faire tourner l'hôpital pour la visser[2].

10. Durant sa dernière campagne électorale, en 2012, Jean Charest a fait beaucoup de porte-à-porte. Un jour, c'est un homme vêtu avec richesse et élégance qui vient lui répondre. «Vous avez l'air prospère. Seriez-vous un homme d'affaires?», demande M. Charest.

— Oui, explique l'homme.

— Mon cher ami, dites-vous bien que sous un gouvernement libéral, les gens comme vous vont voir

---

2. À l'époque, on demandait aussi: «Est-ce que le virage ambulatoire amorcé par le ministre Rochon serait exportable au Danemark?»

Réponse: «Peut-être. Mais que diable nous ont-ils fait, les pauvres Danois, pour mériter une chose pareille?»

leurs affaires monter en flèche, s'empresse d'ajouter le chef.

Et le monsieur lui répond : « Merci. Cela me fait du bien de l'entendre. Je suis syndic de faillite[3]. ».

11. Au début de l'automne, des Amérindiens demandent à leur chef si l'hiver sera froid afin de

---

3. Une blague soviétique fonctionne sur le même principe.

« Le président soviétique Michael Gorbatchev prononce un discours devant un groupe de militants du Parti communiste. "Nous devons passer de la stagnation au développement rapide", s'exclame Gorbatchev.

Soudain, on entend une voix au fond de la salle : "Nous travaillons deux fois plus longtemps !"

— Nous devons procéder à une reconstruction méthodique ! continue Gorbatchev.

— Nous travaillerons trois fois plus longtemps, s'exclame encore la même voix, au fond de la salle.

— Les impérialistes nous menacent avec la guerre des étoiles, mais nous allons continuer à remplir nos obligations internationales.

La voix continue : « Nous travaillerons jour et nuit ! »

À la fin de la réunion, Michael Gorbatchev veut absolument rencontrer le militant enthousiaste qui a si bien réagi à son discours. Dès qu'il croise l'ouvrier, il s'empresse d'engager la conversation.

— Où travailles-tu, camarade ?

Et l'autre répond : « Je suis le chef de l'équipe de fossoyeurs. »

prévoir leur réserve de bois de chauffage. Ne sachant trop quoi répondre, le chef téléphone au service de la météo d'Environnement Canada.

— Est-ce que l'hiver sera froid ? demande-t-il.

— Oui, répond la voix à l'autre bout du fil.

Alors le chef conseille à ses concitoyens de faire une bonne provision de bois.

Une semaine plus tard, pour en avoir le cœur net, le chef téléphone de nouveau à Environnement Canada.

— Est-ce que l'hiver sera VRAIMENT froid ? demande-t-il.

— Oui, répond le météorologue.

Le chef suggère alors aux autres de ramasser plus de bois que d'habitude.

Deux semaines plus tard, le chef, inquiet, téléphone encore au service météo.

— Êtes-vous absolument certain que l'hiver sera froid ? demande-t-il.

— Absolument, répond la voix. La preuve, c'est que dans la forêt, on n'a jamais vu les Amérindiens ramasser autant de bois…

12. Trois organisateurs électoraux du Parti Québécois vont à la chasse. Soudain, ils aperçoivent un lièvre. Le premier épaule son arme et fait feu en direction de l'animal. Pas de chance, il tire trop à droite. Le second épaule alors son fusil et tire à son tour. Cette fois, le coup est bien trop à gauche.

C'est alors que le troisième lève les bras en signe de triomphe et s'écrie : « En moyenne, nous l'avons eu[4] ! »

13. Si vous laissez tomber, d'une hauteur de trois mètres, une tartine dont un seul côté a été recouvert de beurre, la majorité des électeurs soutiennent qu'elle tombera du côté beurre.

De la même manière, si un chat tombe d'une hauteur de trois mètres, la majorité des électeurs estiment qu'il tombera sur ses pattes.

---

4. On trouve plusieurs versions différentes de cette blague, dont celle-ci : « Un astronome, un physicien et un mathématicien sont en vacances en Écosse. Par la fenêtre de leur auberge, ils observent un mouton noir au milieu d'un champ voisin.

— C'est très intéressant, dit l'astronome. Tous les moutons écossais sont noirs.

Le physicien s'empresse alors de corriger : "Non, non. Il apparaît plus prudent d'affirmer que certains moutons écossais sont noirs."

Le mathématicien regarde alors au ciel, d'un air découragé, avant de conclure : "En Écosse, il existe au moins un champ sur lequel on aperçoit au moins un mouton ayant au moins un côté noir". »

Mais si vous fixez sur le dos d'un chat la tartine de manière à ce que le côté beurre soit exposé et que vous laissez tomber le tout d'une hauteur de trois mètres, de quel côté atterrira-t-il?

Confronté à cette épineuse question, le ministère de l'Agriculture du Québec a d'abord procédé à une inspection qui lui a permis d'établir que la tartine n'avait pas été recouverte de beurre, mais plutôt de margarine jaune. Devant cette violation flagrante de sa réglementation, Québec a suspendu la loi de la gravité.

En conséquence, il a statué que les forces en présence s'annulaient et que le chat tartiné ne retomberait pas[5].

---

5. La blague québécoise constitue probablement un dérivé d'une autre blague ancienne, tirée d'une croyance populaire.

«Deux hommes se retrouvent pour le déjeuner. Voyant que le premier étale du beurre sur une tartine, le second lui demande:

— As-tu déjà remarqué que lorsque tu échappes une tartine par terre, elle tombe toujours sur le côté qui a été enduit de beurre?

— Non, corrige le second. Je suppose que l'on raconte cela parce que l'on remarque davantage les fois où la tartine tombe du côté qui a été enduit de beurre. Il est vrai que c'est beaucoup plus désagréable. En théorie, la tartine doit tomber aussi souvent de l'autre côté.

14. Le lendemain de son élection, en avril 2003, Jean Charest se présente aux bureaux du premier ministre, à Québec. Il y croise son prédécesseur, Bernard Landry, qui s'apprête à quitter les lieux.

— Bienvenue, dit ce dernier. Si vous le désirez, je peux vous accompagner pour une petite visite des lieux.

Jean Charest accepte, l'air enchanté. Les deux compères se font des compliments sur la campagne électorale qui vient de se terminer, en plus d'échanger sur les difficultés de la vie politique.

Après la visite, l'ancien premier ministre Landry rassemble ses effets personnels et se dirige vers la sortie.

Pourtant, au moment de franchir la porte, il revient vers son successeur pour lui donner un dernier conseil.

— J'allais oublier. J'ai laissé trois enveloppes sur votre bureau. Elles contiennent tout ce que j'ai appris sur l'art de gouverner. Ouvrez-les une par une, lorsque vous aurez des ennuis.

———————

— Ah oui? dit le premier. Et bien, regarde cela.

Et il laisse tomber sa tartine en bas de la table. À sa grande surprise, elle tombe sur le côté qui n'a pas été enduit de beurre.

— Tu vois? déclare le second. Qu'est-ce que je te disais?

Imperturbable, le premier répond:

Non, tu ne comprends pas. J'ai simplement mis le beurre du mauvais côté.

Et Bernard Landry part en coup de vent…

Le temps passe. La lune de miel entre Jean Charest et l'électorat ne dure pas longtemps. Les critiques et les problèmes ne cessent de s'accumuler. Le premier ministre, vaguement inquiet, décide d'ouvrir la première enveloppe.

— Blâmez vos prédécesseurs pour tous vos ennuis, peut-on y lire.

À peine étonné, il décide de suivre le conseil. Au cours des mois suivants, il dénonce continuellement l'incompétence de l'administration précédente, en la tenant responsable de tous les problèmes que traverse le Québec.

La manœuvre réussit à calmer les choses. Jean Charest réussit même à se faire réélire à deux reprises. Mais les problèmes finissent par ressurgir, plus aigus que jamais. Désemparé, ayant perdu le sommeil depuis quelques semaines, le premier ministre se décide à ouvrir la deuxième enveloppe.

— Dites qu'en raison d'une situation budgétaire qui échappe à votre contrôle, vous ne serez pas en mesure de réaliser vos promesses.

Encore une fois, Jean Charest décide d'obéir aux conseils de son prédécesseur. Encore une fois, la situation semble se rétablir. Pas pour longtemps, cependant. Au bout de quelques mois, les problèmes réapparaissent. La grogne s'est étendue. Le Québec traverse une crise majeure. La popularité personnelle du premier ministre se retrouve à son plus bas.

Complètement paniqué, Jean Charest se résout à ouvrir la troisième et dernière enveloppe.

Machinalement, il lit les trois mots du message à haute voix :

— Préparez trois enveloppes.

15. Le maire Labeaume a décidé d'inspecter lui-même le chantier de son nouvel amphithéâtre. Il enguirlande tous ceux qui osent lui dire qu'il ne connaît rien à la construction. Soudain, il aperçoit un ouvrier qui jette des clous par-dessus son épaule. Le maire se précipite sur l'ouvrier. «Qu'est-ce que tu fais là ? T'es malade ?» L'autre lui explique. Il pige les clous un par un dans un grand sac attaché à sa ceinture. Chaque fois que la tête du clou pointe vers le mur, il le prend et l'enfonce dans le mur. Chaque fois qu'un clou est pointé vers lui, il le considère comme défectueux. Et il le jette par-dessus son épaule. Le maire se met à crier. «Imbécile ! Tu ne connais vraiment rien à la construction. Les clous qui pointent vers toi ne sont pas défectueux. Ils ont été fabriqués pour être utilisés de l'autre côté du bâtiment !»

16. À l'approche des élections, le premier ministre Charest donne des conseils aux candidats libéraux :

— Il est possible que vous rencontriez des électeurs mécontents, explique-t-il. Sachez que la colère comporte différents stades qu'il faut connaître.

Jean Charest s'empare ensuite d'un téléphone et compose un numéro au hasard :

— Bonjour, pourrais-je parler à Jacques, s'il vous plaît ?

— Vous faites erreur, il n'y a pas de Jacques à ce numéro, répond poliment une dame, à l'autre bout du fil.

Le premier ministre raccroche. Il recompose aussitôt le même numéro.

— Je vous ai déjà dit qu'il n'y a pas de Jacques ici ! répond la dame.

Imperturbable, le premier ministre recompose le numéro une dizaine de fois. Jusqu'à ce que la dame lui raccroche au nez, après l'avoir abreuvé d'injures.

— On pourrait croire qu'il s'agit du stade ultime de la colère, conclut-il. Mais il n'en est rien. Car il existe un autre stade où la colère laisse place à la stupeur et à la confusion. C'est lui qu'il faut viser pour être réélu.

Le premier ministre saisit le téléphone et recompose le numéro :

— Bonjour Madame, je suis Jacques. Y a-t-il eu des messages pour moi ?

17. À l'époque où le zoo de Québec existait encore, deux lions ont réussi à s'échapper. Les deux animaux fugitifs décidèrent aussitôt d'emprunter des directions différentes. «Si nous nous séparons, se dirent-ils, nous serons plus difficiles à attraper.»

Mission accomplie. Trois mois plus tard, ils se croisèrent sur un boulevard. Le premier apparut très amaigri, presque squelettique. Il gémit :

— J'ai eu beau faire toutes les poubelles de la ville, je ne suis jamais arrivé à manger à ma faim.

L'autre arborait une mine radieuse. Il avait même pris un peu de poids.

— Tu devrais suivre mon exemple, rigolait-il. Chaque semaine, pendant trois mois, j'ai dévoré un député conservateur de la région de Québec. Jusqu'à ce jour, personne ne s'en est aperçu.

18. À la porte du ciel, saint Pierre accueille une file de défunts.

— Pourquoi devrais-je vous laisser entrer ?, demande-t-il à celui qui occupe le premier rang.

— J'étais ministre dans le gouvernement libéral de Jean Chrétien, explique l'homme. Mes efforts pour lutter contre le favoritisme politique ont permis au Canada d'éviter le pire. Plusieurs rapports décrivent d'ailleurs en détail mon travail et…

— D'accord, vous pouvez entrer, répond saint Pierre.

Un deuxième monsieur s'avance à la porte du ciel.

— Pourquoi devrais-je vous laisser entrer, interroge saint Pierre.

— J'étais ministre du gouvernement conservateur de Stephen Harper, répond l'autre. J'ai passé les dernières années de ma vie à veiller au bien-être de mes concitoyens. Mon seul but était de travailler pour la justice et pour le bien public…

— D'accord, d'accord. Vous pouvez entrer !, interrompt le saint.

Quelques minutes plus tard, un troisième larron demande à son tour à entrer.

— Explique-moi pourquoi tu mérites d'aller au paradis, lui demande saint Pierre.

— Je suis un vaurien, répond le monsieur. J'ai prospéré sur les décombres de la société et sur la naïveté de mes concitoyens. J'ai soutiré du fric à tout le monde comme un vampire assoiffé de sang. Mon seul désir était d'amasser le plus d'argent possible.

— D'accord, vous pouvez entrer, répond saint Pierre sans la moindre hésitation.

Un ange, qui assistait à la scène, s'approche aussitôt de saint Pierre et lui demande :

— Patron, pourquoi avez-vous fait entrer cette crapule au paradis ?

— Simple, répond le gardien du ciel, il faut bien faire entrer quelqu'un de sincère de temps en temps.

19. Peu avant sa mort, un vieil organisateur politique particulièrement avare reçoit son médecin, son curé et l'ancien premier ministre du Canada Brian Mulroney. Il leur donne à chacun 50 000 $ en espèces avec pour consigne d'enterrer l'argent avec lui.

Les funérailles ont lieu une semaine plus tard. Après la mise en terre, les trois compères discutent.

Le curé confie alors que son église avait besoin de rénovations et qu'il a gardé 20 000 $ pour les travaux.

Le médecin admet pour sa part qu'il a conservé 30 000 $ pour des recherches sur le cancer.

En les entendant, Brian Mulroney devient rouge de colère.

— Comment pouvez-vous être aussi malhonnêtes ?, s'écrie-t-il. Moi, je me suis fait un point d'honneur de placer dans le cercueil un chèque du montant exact qu'il m'avait remis.

20. Le premier ministre Philippe Couillard et son ministre des Finances Carlos J. Leitão sont invités à la cour de la reine d'Angleterre. Durant le dîner, le ministre Leitão dit au premier ministre : « Regardez les beaux couverts d'argent. On pourrait en ramener quelques-uns en souvenir. » L'autre hésite un peu. « Je voudrais bien, mais je n'ose pas, gémit-il ». Carlos J. Leitão, impérial, lui explique : « C'est tout simple. Tu prends un couvert, tu l'essuies et hop !, tu le mets dans ta poche. » Malgré ses réticences, Philippe Couillard décide d'essayer. Il s'empare d'une fourchette. Sauf qu'au moment de l'amener à lui, il fait malencontreusement tinter un verre. Tous les invités se tournent immédiatement dans sa direction. Pour éviter d'éveiller les soupçons, le premier ministre se lève et commence un petit discours. « Bon appétit et bla bla bla et bla bla bla. » Sitôt rassis, il se penche vers Leitão et lui murmure à l'oreille. « Raté. Mais je réessaye au dessert. » Le repas s'éternise un peu, mais le dessert finit par arriver. Le premier ministre repart à l'attaque et met la main sur un couteau. Pas de chance, il frôle encore un verre de cristal. Le tintement attire une nouvelle fois l'attention des convives.

Un peu excédé, Philippe Couillard se lève alors et s'exclame : « Pour honorer la reine et ses prestigieux invités, je souhaiterais faire un tour de magie typiquement québécois. Je prends mes couverts, je les mets dans ma poche et je les ressors de la poche du ministre Leitão ! »

21. Il était une fois un nouveau conseiller d'Équipe Labeaume, à la Ville de Québec.

Le maire Régis Labeaume reçoit le nouveau venu dans son bureau, juste avant sa première séance au conseil municipal, pour lui expliquer les règles de démocratie interne.

— C'est simple, résume le maire. Tu as le privilège de pouvoir prononcer deux mots tous les quatre ans. Pas plus. Pas moins.

Quatre ans plus tard, le conseiller se présente dans le bureau du maire.

— Mon ami, voici venu le moment d'exercer ton droit de parole, en prononçant deux mots, commence Régis Labeaume.

— Démocratie malade, explique l'autre.

Le maire ne réagit pas. Et l'élu retourne siéger au conseil.

Quatre années passent. Le conseiller est à nouveau conduit dans le bureau du maire.

— Exprime-toi, si tu as deux mots à me dire, lance Régis Labeaume.

— Respect insuffisant, déclare le conseiller.

Le maire ne dit rien. Et l'élu repart aussitôt.

Quatre ans s'écoulent. Le conseiller revient devant le maire. Mine de rien, cela fait 12 ans qu'il siège au conseil municipal.

— Qu'as-tu à me dire? demande Régis Labeaume.

— Je démissionne, dit le conseiller.

Le maire hausse les épaules. Il se tourne vers son directeur de cabinet.

— Ça ne m'étonne pas, lance-t-il. Depuis qu'il est avec nous, il n'a fait que se plaindre.

22. Il était une fois un vieux ministre des Finances dont tout le monde vantait la rigueur et la compétence.

M. le ministre possède un secret très intrigant. Chaque jour, à son arrivée, il déverrouille le tiroir central de son bureau. Il en ressort une petite feuille qu'il consulte brièvement, en remuant les lèvres, comme s'il essayait de l'apprendre par cœur. Après, il regarde fixement ses souliers pendant quelques minutes, avant de remettre soigneusement le papier dans le tiroir et de le verrouiller à nouveau à double tour.

Le ministre fait cela durant de longues années, sans jamais expliquer le rituel à son entourage.

Finalement, le politicien annonce son retrait de la vie politique. Pour le remercier, on lui organise une fête le jour de son départ. Plusieurs versent une larme. Mais sitôt que le vieux monsieur quitte l'endroit, tout le personnel se précipite dans son bureau pour découvrir en quoi consiste le fameux papier.

Le chef de cabinet déverrouille le tiroir. Tremblant d'excitation, il en retire la petite feuille jaunie par le temps.

Il se met à lire à haute voix : « La colonne des plus et des moins est celle qui se trouve le plus à droite. Pour éviter de confondre la gauche et la droite, souviens-toi que j'ai fait un double nœud à ton soulier droit… »

23. Stephen Harper dirige une réunion du Conseil des ministres. Soudain, John A. Macdonald, l'un des pères de la Confédération, apparaît. Tout le monde s'empresse de lui demander conseil.

— Il faut mettre en prison la moitié des ministres et repeindre le parlement en mauve, répond Macdonald.

— Pourquoi en mauve?, demande quelqu'un.

John A. Macdonald se tourne alors vers Stephen Harper et lui dit:

— Tu vois? Je t'avais bien dit que sur le premier point, il n'y aurait pas de question[6].

---

6. Il existe de très nombreuses versions de cette blague, qui remonte à Staline et à l'empire soviétique. Plus récemment, une autre circulait à la veille de la guerre en Irak, en 2003.

«Le président George W. Bush et le secrétaire d'État Collin Powell sont attablés dans un restaurant. Un client, qui a remarqué les deux prestigieux invités, va discrètement demander au serveur:

— Est-ce qu'il s'agit bien de MM. Bush et Powell?

— Oui, Monsieur, en chair et en os.

Le client s'approche alors des deux dirigeants et leur demande:

— Bonjour, Messieurs, puis-je vous demander de quoi vous êtes en train de discuter?

— Oh, une bagatelle, rien de plus, répond George W. Bush. Nous planifions la Troisième Guerre mondiale.

24. Un jour, Robert Bourassa se perd dans le sous-sol de l'Assemblée nationale. Un peu penaud, il demande son chemin à un fonctionnaire qui passe par là.

— Pas de problème, Monsieur Bourassa. Je vais vous accompagner, propose ce dernier.

— Ce ne sera pas nécessaire, dit Robert Bourassa. Expliquez-moi seulement. Après, je me débrouillerai seul.

— Mais non, vous ne trouverez jamais, dit le fonctionnaire. C'est tout droit[7]!

———————————

— Ah, oui?, demande le client, un peu inquiet. Et que va-t-il se produire?

— Nous allons tuer 10 millions d'Irakiens et un réparateur de bicyclettes, répond le président.

Le client ne cache pas son étonnement.

— Pourquoi allez-vous tuer un pauvre réparateur de bicyclettes?

Alors Bush se retourne vers Powell et il lui dit:

— Tu entends? Je te l'avais bien dit que personne ne se souciait des 10 millions d'Irakiens!»

7. Pour expliquer l'esprit tordu des bureaucrates du Vatican, les Romains ont l'habitude de raconter une blague très similaire. Il s'agit de deux fonctionnaires du pape qui se croisent dans un couloir.

Le premier demande son chemin à l'autre.

— Je vais vous accompagner, lui propose aussitôt ce dernier.

25. Après sa carrière politique, Philippe Couillard a recommencé à exercer la médecine.

Un jour, son assistante entre dans son bureau en coup de vent.

— Docteur, l'homme que vous venez d'examiner s'est effondré devant la porte alors qu'il venait juste de sortir ! Que dois-je faire ?

— Dépêchez-vous d'encaisser son chèque ! répond aussitôt M. Couillard.

Puis les réflexes du politicien prennent le dessus.

— Ensuite, allez le tourner de bord pour donner l'impression qu'il s'apprêtait à entrer.

26. Un jour, un énorme tremblement de terre secoue la forêt où Blanche-Neige s'est réfugiée pour échapper à la méchante sorcière. La caverne des sept nains s'effondre, emprisonnant tous les habitants sous des tonnes de débris. Accourue sur les lieux, Blanche-Neige fouille les ruines à la recherche de survivants. Soudain, une voix se fait entendre, sous les décombres.

———————————

— Ce ne sera pas nécessaire, dit le premier fonctionnaire. Expliquez-moi seulement. Après, je me débrouillerai seul.

— Mais non, dit le premier. Vous ne trouverez jamais. C'est tout droit ! »

— Votez pour le maire Jean Tremblay dans la Ville de Saguenay! Votez pour le maire Tremblay dans Saguenay!

Un sourire radieux illumine aussitôt le visage de Blanche-Neige, qui s'écrie :

— Dieu soit loué, Simplet est vivant!

27. Le défunt chef du NPD (Nouveau Parti démocratique), Jack Layton, était un éternel optimiste. Aussi, lors de son arrivée dans l'au-delà, il est un peu déçu d'apprendre qu'il va en enfer.

— C'est la règle, lui expliquent les anges, un peu gênés. Tous les politiciens vont en enfer. Même vous.

Jack Layton garde tout de même le sourire et se dirige vers l'enfer. À son arrivée, il s'aperçoit que tous les damnés baignent jusqu'au menton dans un énorme lac de purin.

— Bof, ça pourrait être pire, finit-il par s'exclamer, après être entré dans l'eau nauséabonde. Après tout, nous en avons seulement jusqu'au menton.

C'est alors qu'il entend un bruit de moteur qui s'approche.

— De quoi s'agit-il? demande-t-il à son voisin.

— Ça, lui dit l'autre, c'est le diable qui va nous frôler avec son énorme bateau hors-bord[8].

---

8. Le livre *Kilroy Was Here: The Best American Humor from World War Two* (Hyperion, 2001) propose une version

28. Le président russe, Vladimir Poutine, effectue une visite officielle à Québec où il rencontre le premier ministre, Philippe Couillard.

Pour épater son hôte, Vladimir Poutine explique que les ingénieurs russes viennent de mettre au point une bombe atomique miniature.

— Vous pesez sur un bouton et bang!, votre ennemi est volatilisé, explique le président russe.

Philippe Couillard refuse de se laisser impressionner.

— Au Québec, nous possédons une arme bien plus redoutable, explique-t-il. Il s'agit de PKP. Aux dernières élections québécoises, il lui a suffi de lever le poing dans les airs et tout le gouvernement péquiste s'est effondré.

——————————

semblable, que les soldats américains se racontaient lors de la Deuxième Guerre mondiale.

« À la fin de la guerre en Europe, saint Pierre fait une visite aux enfers pour bien s'assurer que les pires salopards reçoivent une punition adéquate. Au bout d'un certain temps, il aperçoit Hitler, tout souriant, alors qu'il est immergé jusqu'au cou dans un lac de purin.

— Je ne comprends pas, interroge le saint. Comment peux-tu sourire alors que tu sais que tu vas passer l'éternité dans le purin?

— Je souris, répond Hitler, parce que je me tiens sur les épaules de Mussolini. »

29. Il était une fois Juliette qui a acheté une voiture. Après quelques jours, elle retourne voir le vendeur.

— Je suis déçue, se plaint-elle. La radio ne fonctionne pas.

— Il s'agit d'une radio intelligente, explique le vendeur. Il suffit de dire à voix haute ce que vous voulez entendre et l'appareil le fait jouer. Si vous voulez entendre la musique de Beethoven, vous dites « Beethoven ». Pour les informations, vous dites « informations ».

Juliette n'en revient pas. Les jours suivants, elle sillonne la ville en donnant des ordres à sa radio. « Météo ». « Sport ». « Tchaïkovsky ».

Soudain, elle aperçoit un énorme panneau publicitaire qui vante les mérites d'un diseur de bonne aventure qui se targue de prédire l'avenir.

« Bonimenteur. Vendeur de rêves et de promesses sans lendemain », s'exclame-t-elle.

Aussitôt, une voix retentit, à la radio :

« Voici maintenant une allocution du premier ministre du Québec, M. Philippe Couillard. »

CHAPITRE 5

Un Québec souverain
dans un Canada uni

« *Si on avait gagné le référendum* [...], *on aurait manqué d'employés. On aurait eu de l'argent pour les payer tant et plus. Le Québec ne serait pas capable d'inventer dans les trois ou quatre années* [*qui suivraient*] *la souveraineté suffisamment de programmes de dépenses pour dépenser tous ses revenus.* »

Bernard Landry, *Le Devoir*, 18 mars 1997, p. A1.

« [...] *Mario Dumont se déclare ni souverainiste,
ni fédéraliste.* »

Le radiojournal de Radio-Canada, 25 septembre 2004.

« *Moi aussi, j'aurais voulu qu'on gagne la bataille des plaines d'Abraham. J'aurais aimé ça être là pour réveiller Montcalm. Il dormait.* »

Jean Chrétien, premier ministre du Canada,
La Presse, 15 mai 1997.

« J'ai, pour ma part, l'intime conviction que cette élection fédérale est porteuse de nombreux messages, dont celui-ci : il s'agit de la dernière élection fédérale de l'histoire du Québec. »

Le premier ministre du Québec, Lucien Bouchard,
3 juin 1997.

« Le Québec ne sera plus jamais le même ».

Claude-Éric Gagné, président de la Commission jeunesse du Parti libéral du Québec à la fin d'un discours sur l'avenir du Québec prononcé par le chef, Daniel Johnson, devant le Congrès annuel de la commission, août 1994.

« Les gens de Québec, ils ne veulent pas un pays, ils veulent une équipe de hockey. »

Sam Hamad, alors simple député, 9 mars 2014.

1. Pauline Marois, François Legault et Philippe Couillard se trouvent ensemble à bord du grand train de la réforme constitutionnelle canadienne.

Soudain, le train tombe en panne. Les voyageurs commencent aussitôt à s'agiter.

— Que l'on effectue les réparations nécessaires, commande Pauline Marois.

Le train ne redémarre pas.

— Que l'on remplace les mécaniciens incompétents, ordonne François Legault, d'un ton autoritaire.

Le train n'avance toujours pas. Alors Philippe Couillard décide d'intervenir.

— Que l'on ferme les rideaux, suggère-t-il calmement. Et dites aux passagers que nous sommes repartis.

2. La nouvelle devise du PQ permet aux militants d'envisager l'avenir avec optimisme. Elle se lit ainsi :

« Le PQ réalisera la souveraineté du Québec l'année prochaine, si Dieu lui prête vie. Sinon, il la réalisera l'année suivante. »

3. Vous savez ce qu'on apprend dans le dernier sondage ? Après des décennies d'hésitation, la majorité des Québécois seraient d'accord pour voter en faveur de l'indépendance de leur province.

Mais à la seule condition que le Canada garde le Parti Québécois.

4. Question : « Quels avantages Pierre-Karl Péladeau propose-t-il, si vous recrutez de nouveaux membres pour le Parti Québécois ? »

Réponse : « Si vous recrutez un membre, vous serez exemptés d'impôts durant un an quand le Québec deviendra indépendant. Si vous recrutez deux membres, vous serez exemptés d'impôts à vie dans un Québec indépendant. Enfin, si vous recrutez plus de trois membres, vous avez droit au traitement royal. On vous donne un certificat attestant que vous n'avez jamais été membre du Parti Québécois sous Pierre-Karl Péladeau!»

5. Peu après le début du scandale des commandites, alors que le Parti libéral avait confondu ses intérêts avec ceux du Canada, un homme furieux se présente devant saint Pierre, à la porte du ciel.

— Mais bon sang, qu'est-ce que je fais là! hurle-t-il. Regardez-moi: j'ai 52 ans, je suis en pleine forme, je ne bois pas, je ne fume pas. Hier soir, je me suis couché bien sagement dans mon lit et voilà que je me retrouve au ciel! Il s'agit certainement d'une erreur.

— Cela n'est jamais arrivé, mais je vais vérifier quand même, répond saint Pierre, un peu troublé.

— Comment vous appelez-vous?

— Brault. Jean Brault.

— Et quel est votre métier?

— Je possède une agence de communication.

— Oui… Ah, voilà, j'ai votre fiche. Brault, Jean, de Groupaction. Eh bien, Monsieur Brault, vous êtes mort de vieillesse, c'est tout.

— De vieillesse? Mais enfin ce n'est pas possible, je n'ai que 52 ans!

— Je ne sais pas, Monsieur Brault. Mais on a fait le compte de toutes les heures de main-d'œuvre que vous avez facturées et ça donne 250 ans.

6. Trois députés, un conservateur, un libéral et un bloquiste sont surpris en état d'ébriété en Arabie saoudite, pays dans lequel la consommation d'alcool est rigoureusement interdite.

Le ministre saoudien de la Justice décide de sévir, mais il veut éviter un incident diplomatique. «Pour la consommation d'alcool, le châtiment ne peut être inférieur à 50 coups de fouet! Mais, puisque vous êtes des parlementaires étrangers et que vous ne connaissiez pas l'interdiction, je vais être clément. Avant la punition, vous avez droit à un souhait!», déclare-t-il.

Le conservateur s'avance le premier: «Je souhaite que vous m'attachiez un coussin sur le dos, avant de me fouetter». Son souhait est exaucé, mais le coussin se brise après 25 impacts.

Voyant cela, le libéral réclame plutôt qu'on lui attache deux coussins sur le dos. Aussitôt dit, aussitôt fait. Mais les coussins se déchirent après une trentaine de coups.

Le ministre saoudien s'adresse alors au bloquiste et lui dit: «Puisque tu es Québécois et que je suis un grand admirateur de la langue française, je vais être particulièrement bienveillant avec toi ! Tu as droit à deux souhaits ! »

« J'ai déjà choisi, répond le bloquiste. Mon premier souhait consiste à recevoir 100 coups de fouet au lieu de 50. »

En entendant cela, le libéral et le conservateur se regardent d'un air navré. Ils croient que leur collègue a perdu la raison.

Le ministre saoudien ne cache pas son étonnement, lui aussi. « Je ne comprends pas ce vœu, affirme-t-il. Mais puisque tu le réclames, je t'accorde le double des coups ! Et ton deuxième désir ? »

Le bloquiste répond : « Qu'on m'attache le libéral sur le dos[1]. »

7. En prenant le train, un Ontarien, un Québécois et une très jolie femme se retrouvent dans le même compartiment. À un moment donné, durant le voyage, le train passe dans un tunnel, plongeant le compartiment dans le noir pendant de longues

---

1. On trouve d'innombrables variantes. La plus célèbre remonte aux années 1990. Elle met en scène un Anglais, un Australien et un Écossais qui ont été capturés par le dictateur irakien Saddam Hussein. À la fin, c'est l'Écossais qui dit : « Qu'on m'attache l'Anglais sur le dos ! »

secondes. On entend alors le son d'un gros bisou suivi du bruit d'une gifle violente.

Quand le train sort du tunnel, le Québécois et la jeune femme sont assis comme si rien ne s'était passé. L'Ontarien, par contre, se tient la joue. Apparemment, c'est lui qui a pris la gifle magistrale.

La jeune femme pense à ce qui s'est passé et se dit : « Le Canadien anglais a essayé de m'embrasser. Mais comme il faisait noir, il s'est trompé et a embrassé le Québécois qui lui a foutu une bonne gifle. »

L'Ontarien pense, de son côté : « Le Québécois a sans doute dû essayer d'embrasser la fille et en voulant le punir, elle l'a raté et m'a malheureusement frappé. »

Le Québécois se dit, en riant pour lui-même : « Comme c'est comique ! Au prochain tunnel, je refais le bruit du baiser et je donne une autre claque à l'Ontarien[2]. »

---

2. Dans son livre *Redeeming Laughter : The Comic Dimension of Human Experience* (Walter de Gruyter, 1997), le sociologue Peter L. Berger cite une version « catalane » de cette blague. Notez qu'il y a plus de personnages et que leurs réflexions se révèlent moins directes.

« Dans un train qui se dirige vers Barcelone, quatre personnes se retrouvent dans un compartiment : une vieille dame avec sa fille ravissante, un Catalan et un Espagnol.

8. Deux indépendantistes québécois se rencontrent dans un restaurant de Montréal.

«J'en ai assez que nous soyons toujours traités de rêveurs et de fanfarons», dit le premier.

Le second acquiesce, mais il admet qu'il commence à avoir des doutes sur la viabilité économique d'un Québec indépendant.

«T'en fais pas, lui dit le premier. La stratégie est simple. Pour éviter que les choses tournent mal, il suffira de s'annexer aux États-Unis. Dès que le Québec devient indépendant, nous déclarons la guerre aux États-Unis. L'armée américaine sera bien obligée de nous envahir.»

———————————

Soudain, le train entre dans un tunnel et le compartiment est plongé dans l'obscurité. On entend alors le bruit d'une gifle retentissante.

Que pense chacun des passagers?

La vieille dame se dit: «J'ai éduqué ma fille pour qu'elle sache se défendre. L'un des hommes a dû essayer de lui toucher et elle l'a giflé.»

La jeune fille se dit: «C'est bizarre. On dirait que l'un des hommes a tenté de tripoter ma mère. Sans doute que c'est moi qu'il visait. Je l'ai échappé belle.»

L'Espagnol se dit: «Ces femmes catalanes sont vraiment folles. Il suffit de les regarder pour qu'elles vous giflent à la première occasion.»

Le Catalan se dit, en rigolant tout seul: «Encore quatre tunnels d'ici Madrid!»

Et son compagnon lui répond :

« D'accord. Mais qu'est-ce qu'on fait si on gagne la guerre[3] ? »

9. Pour montrer qu'il sait faire preuve de compassion, le premier ministre du Canada, Stephen Harper, s'est rendu visiter une école primaire d'un quartier pauvre de la ville d'Ottawa. Comme d'habitude, il a vanté le pays : « Le Canada est le plus beau pays du monde. Un pays riche où règnent le bonheur et la prospérité. On y trouve de tout en quantité : du blé,

---

3. Il existe au moins une autre version de cette blague, dans laquelle les deux indépendantistes sont des militants corses. Le pays qu'il faut envahir est alors la France.

Dans *Prolétaires de tous les pays, excusez-moi* (Buffet/Chastel, 2007), Amandine Regamey cite une histoire soviétique très semblable :

« Une délégation des pays baltes rencontre Gorbatchev et lui demande de leur accorder l'indépendance pour un jour. Celui-ci refuse. "Alors au moins pour une demi-heure". Gorbatchev hésite, puis signe.

Quarante minutes après le départ de la délégation, un ministre des Affaires étrangères affolé entre dans le cabinet de Gorbatchev : "Michael Sergueïevitch, qu'avez-vous fait ? Un quart d'heure après la signature du décret, les pays baltes ont déclaré la guerre à la Suède".

— Ôtez-leur immédiatement leur indépendance !

— Trop tard, ils ont déjà capitulé ! »

du pétrole, de l'or, de l'uranium, du sirop d'érable, de la potasse et même le quart des réserves mondiales d'eau douce. Le Canada, c'est le paradis. »

Dans le fond de la classe, une petite fille s'est levée pour poser cette question, au premier ministre : « Comment on fait pour y aller, au Canada[4] ? »

10. Une femme voyageant à bord d'une montgolfière réalise soudain qu'elle est perdue. En faisant descendre son appareil, elle aperçoit un homme assis dans une petite barque, sur un lac.

— Pardonnez-moi, Monsieur. J'avais promis à quelqu'un de le rejoindre près d'ici, mais j'ai perdu ma route. Pourriez-vous me dire à quel endroit je me trouve ?

L'homme consulte un GPS et lui répond : « Vous êtes à bord d'une montgolfière, stationnée à environ 10 mètres du sol, par une latitude de 41,2 degrés nord, et par degrés de longitude 74,7 ouest. »

La jeune femme fait la grimace et lui répond :

---

4. Le 24 novembre 1998, cette blague a été racontée à la Chambre des communes, à Ottawa, par la députée du Bloc québécois Suzanne Tremblay. Il est difficile de savoir si Mme Tremblay croyait qu'il s'agissait d'une histoire vraie. À l'époque, notons que c'était la ministre libérale du Patrimoine canadien, Sheila Copps, qui se rendait visiter un quartier pauvre.

— Vous êtes sûrement indépendantiste.

— Bien sûr, répond l'homme avec étonnement. Mais comment avez-vous deviné ?

— Simple, répond la femme. Tout ce que vous dites est techniquement exact, mais je ne vois pas bien à quoi tout cela peut me servir. Franchement, vous ne m'êtes pas d'un grand secours.

L'homme sourit et lui répond.

— Vous êtes sûrement fédéraliste !

— Absolument, répond l'autre. Mais comment le savez-vous ?

— Et bien !, ça me paraît évident, conclut l'homme. Vous ne comprenez pas trop où vous êtes. Vous vous êtes élevée dans les airs en profitant des acquis du passé. Vous faites des promesses que vous ne savez pas comment tenir. Vous n'avez pas bougé d'un centi-mètre depuis que nous nous sommes rencontrés et maintenant, vous dites que tout est de ma faute.

11. Durant la dernière campagne électorale, les journalistes ont demandé au premier ministre Stephen Harper ce qu'il ferait s'il devait résoudre un problème qui n'a pas de solution.

Le premier ministre est devenu rouge de colère et a répondu :

«Je vous ai souvent répété que je ne réponds pas aux questions qui touchent à la constitution. »

12. Un jour, l'ancien premier ministre du Canada, Jean Chrétien, a expliqué la différence fondamentale entre les fédéralistes et les séparatistes. « La constitution, c'est comme un char, a-t-il commencé. Il y a des gens, des séparatistes, qui disent : le réservoir d'essence de la voiture est vide ! Il faut acheter une autre voiture ! Mais nous, les fédéralistes, nous sommes beaucoup plus sensés que cela. Quand le réservoir d'essence est vide, tout le monde sait qu'il est inutile de changer de voiture. Dans ces cas-là, il suffit de repeindre le véhicule… »

13. À la veille de sa mort, un vieux fédéraliste fanatique dévoile à son entourage ses dernières volontés. À la surprise générale, il exige qu'on amène un séparatiste à son chevet pour pouvoir lui acheter une carte de membre du Parti Québécois. Après s'être interrogés sur son état de santé, ses proches demandent aussitôt ce que signifie ce vœu inusité.

— Si quelqu'un doit mourir, autant que ce soit un des leurs, explique-t-il.

14. Que disaient les témoins du scandale des commandites lorsqu'ils croisaient le premier ministre Jean Chrétien.

— J'ai tout vu. Mais rassurez-vous, je ne vous ai pas reconnu.

15. Le premier grand discours sur la constitution du chef du Parti libéral du Canada, Justin Trudeau, a été un franc succès.

Parmi les militants libéraux, le commentaire le plus souvent entendu était le suivant : « On n'y comprend rien, alors c'est bon signe. »

Le second commentaire le plus entendu était le suivant : « C'est un excellent programme auquel il ne reste qu'à trouver le contenu. »

16. Un soir, Sylvie rentre chez elle aux alentours de 5 h du matin. Hilare, pour ne pas dire euphorique.

Oups ! Son *chum* l'attend dans le salon, des mitraillettes installées sur sa paire d'yeux cernés.

Pas un mot. On ne rit plus.

Sylvie sait qu'il sait où elle se trouvait.

Lui, il sait qu'elle sait qu'il sait.

En désespoir de cause, Sylvie tente un grand coup. Un pieux mensonge :

— Ce soir, en rentrant du travail, j'ai rencontré un gars charmant. Le coup de foudre. On a commencé par souper ensemble. Puis, on s'est payé la tournée des grands-ducs. On a beaucoup bu, on a fumé quinze pétards, j'ai atterri chez lui et nous nous sommes aimés jusqu'à l'aube.

— Menteuse, n'essaie pas de m'amadouer, réplique son copain. Tu es encore allée à une de tes sales petites réunions où vous parlez de la constitution canadienne. C'est dégradant. Tu me dégoûtes[5].

17. L'ancien chef libéral Stéphane Dion s'était rendu prononcer un discours dans une école primaire. Devant un auditoire aussi jeune, il ne risquait pas grand-chose, après tout.

Les enfants lui avaient préparé un petit exposé sur la nécessité de mieux contrôler la circulation des armes à feu. Pour illustrer le propos, un petit garçon s'est avancé. Il s'est mis à taper des mains, de manière régulière, à quelques secondes d'intervalle.

«Chaque fois que je tape des mains, a-t-il expliqué, un enfant est tué par une arme à feu, quelque part en Amérique. »

Et c'est alors que Stéphane Dion a bondi de son siège en s'écriant :

— Tu es fou! Arrête tout de suite de taper des mains !

---

5. Du temps de l'Union soviétique, la jeune femme se rendait en cachette à des réunions du Parti communiste…

CHAPITRE 6
Sélection internationale

« Vous croyez que leurs tanks s'avancent vers nous à la queue-leu-leu, en longues files interminables ? Rien n'est plus faux ! En fait, nos ennemis n'en ont qu'un petit nombre. Dès qu'ils vous ont dépassés, les premiers tanks font demi-tour et vont prendre place à la fin du cortège, pour vous faire croire que la file est interminable. »

Mohamed Saïf al-Sahhaf, alias Baghdad Bob, ministre irakien de l'Information de Saddam Hussein durant l'invasion américaine de l'Irak, en mars 2003.

« Au fond, ceux qui trouvent que les élections [en Biélorussie] sont ennuyeuses nous envient. Dans un pays civilisé, les élections doivent se dérouler exactement comme chez nous. »

Alexandre Loukachenko, président de la Biélorussie, le 24 septembre 2012, après que le président et ses alliés eurent remporté 110 sièges sur 110 au Parlement. Bientôt, ce sont les policiers biélorusses qui vont s'ennuyer. Même pas un seul député de l'opposition à emprisonner !

« Seul Napoléon a fait davantage que moi. Mais je suis incontestablement plus grand. »

Silvio Berlusconi, premier ministre de l'Italie, intervention télévisée, février 2006.

« Un jour, j'ai demandé au président russe Boris Eltsine de me résumer brièvement la situation de la Russie.
— Bonne, m'a-t-il dit.
Et quand je lui ai demandé un résumé un peu plus détaillé de la situation de la Russie, il m'a répondu :
— Pas bonne. »

John Major, premier ministre britannique, cité dans Matthew Parris et Phil Mason, *Mission Accomplished*, Londres, JR Books, 2008.

« Hong Kong va vous couper le souffle. »

Le slogan de l'Office du tourisme de Hong Kong en avril 2003, au début de l'épidémie de SRAS. La pneumonie atypique, qui allait tuer 300 personnes sur le territoire, a causé un début de panique mondiale.

« Ce n'est pas moi qui suis à l'appareil. C'est mon frère. »

Le politicien espagnol Juan Cotino, pour tenter d'esquiver l'appel téléphonique d'un animateur-vedette de la télé, en avril 2013. Ce dernier voulait le questionner sur les compensations offertes aux victimes d'un accident ayant fait 46 morts dans le métro de Valence, en 2006. Source : *El Pais*.

« *Personne, quelles que soient son intelligence, son éducation et son expérience, n'est le suppositoire de toute la sagesse.* »

Tony Abbott, alors leader de l'opposition officielle en Australie, 12 août 2013. M. voulait dire « le dépositaire de toute la sagesse ».

« *Nous avons apprécié l'ensemble du spectacle. Mais pour ne rien vous cacher, nous sommes tous les deux sourds comme des pots.* »

Le duc d'Édimbourg à la sortie du Royal Variety Show, un gala annuel auquel il assistait avec la reine Élisabeth, en novembre 2012.

« *Écoutez-moi bien. La moitié du temps, quand je me regarde aux nouvelles du soir, moi non plus je ne voterais pas pour moi.* »

Bill Clinton, président des États-Unis, en 1995, en pré-campagne électorale au Montana et au Colorado.

« *À l'époque de l'URSS, tout ce que les communistes disaient à propos du communisme était complètement faux. Malheureusement, tout ce que les communistes disaient à propos du capitalisme était complètement vrai !* »

Commentaire d'un manifestant en marge d'une manifestation à Kiev, en Ukraine, décembre 2013.

1. Il était une fois un automobiliste qui s'était stationné devant le centre des congrès de Sotchi.

Un policier se précipite : «Êtes-vous tombé sur la tête? Pas question de stationner ici! Ne savez-vous pas que le président Poutine et plusieurs ministres sont réunis juste en face?»

«Pas de problème, répond l'automobiliste. Je vais bien verrouiller les portières. »

2. En Corée du Nord, après avoir autorisé ses citoyens à voyager à l'étranger, le nouveau leader Kim Jong-un se rend vérifier l'incidence de la nouvelle mesure dans le bureau des passeports le plus proche. Arrivé sur les lieux, il prend discrètement sa place dans la longue file d'attente. Mais sa présence ne tarde pas à être remarquée. Les uns après les autres, tous les gens présents lui cèdent leur place, si bien qu'il se retrouve bientôt au premier rang devant un employé visiblement très ému. Ce dernier lui délivre son passeport en un temps record.

Après avoir remercié le fonctionnaire, le président nord-coréen remarque que tous ceux qui attendaient derrière lui ont disparu sans laisser de trace.

Vaguement inquiet, il demande au fonctionnaire ce qui a bien pu leur arriver.

« Simple, lui répond l'homme. Si vous quittez le pays, ils n'ont plus besoin de s'en aller[1]. »

3. En 2003, à la veille de l'intervention militaire américaine en Irak, les relations entre la France et les États-Unis sont devenues très tendues. Las de ces querelles, les présidents Jacques Chirac et George W. Bush décident de régler leur différend en faisant une course de vélo.

À la surprise générale, c'est Jacques Chirac qui sort vainqueur.

Le lendemain, Fox News, la plus patriotique des télés américaines, annonce ainsi les résultats :

« Les États-Unis arrachent une spectaculaire deuxième place.

La France se classe avant-dernière. »

4. Peu après la conquête de Bagdad par l'armée américaine, au printemps 2003, le chef des gardes du corps de Saddam Hussein rassemble dans le plus grand secret les 20 sosies officiels de l'ex-président irakien.

— J'ai une bonne et une mauvaise nouvelle à vous annoncer, leur dit-il.

---

1. La même blague circulait dans les milieux de l'opposition irakienne en exil du temps de Saddam Hussein.

La bonne, c'est que le patron a survécu aux bombardements américains ; par conséquent vous avez encore un travail.

La mauvaise nouvelle, c'est qu'il a perdu un bras[2].

5. Barack Obama se retrouve au volant d'une élégante voiture sport décapotable. Lors d'un arrêt à un feu rouge, il remarque soudain John McCain qui conduit un cyclomoteur. Les deux hommes échangent quelques formules de politesse. John McCain se penche même à l'intérieur de la voiture pour admirer le tableau de bord.

— Pas mal, pour un démocrate, s'exclame-t-il. Et à combien roule cette petite merveille ?

— Environ 270 km/h, répond Obama.

— Impossible, déclare McCain.

À ce moment, le feu devient vert. Barack Obama, qui veut impressionner son adversaire, appuie à fond sur l'accélérateur. Comme prévu, la voiture atteint la vitesse de 270 km/h en l'espace de quelques secondes. Convaincu d'avoir rivé son clou au républicain une bonne fois pour toutes, Obama se détend quelque peu. C'est alors qu'il aperçoit dans son rétroviseur un point qui s'approche à toute vitesse. Vaguement inquiet, il décide de s'arrêter. La chose s'agrandit

2. Cité par *Newsweek*, 2007.

encore, puis encore, avant de le dépasser à toute allure.

— Qu'est-ce qui peut aller plus vite que mon bolide, se demande le démocrate, vaguement courroucé.

Mais il n'est pas au bout de ses peines. Soudain, la chose revient vers lui. Elle repasse bientôt comme une balle, dans la direction inverse.

Cette fois, malgré la vitesse, Obama est convaincu d'avoir compris de quoi il s'agissait. Il est sûr d'avoir reconnu John McCain sur son cyclomoteur.

— Pas possible, se dit-il.

Et voilà qu'à nouveau, dans son rétroviseur, il aperçoit McCain qui revient, tenant le guidon de son cyclomoteur. McCain s'approche à toute allure et puis un énorme bang retentit à l'arrière. De toute évidence, le républicain a embouti le coffre de la voiture.

Un peu inquiet, Obama descend de la voiture pour aider McCain.

— Est-ce que tout va bien?, lui demande-t-il.

— Oui, lui répond McCain. Mais auriez-vous la gentillesse de décrocher mes bretelles qui sont accrochées à votre rétroviseur de droite[3]?

----

3. Entendue sur les ondes d'une radio de Fort-Wayne, en Indiana, durant la campagne électorale présidentielle de 2008.

6. On dit que personne n'a besoin d'être corrompu pour faire de la politique dans l'État de New York. C'est comme pour le parachutisme. Personne n'a vraiment besoin d'un parachute. Vous avez besoin d'un parachute seulement si voulez en faire une deuxième fois.

7. Ayant appris qu'il était atteint d'une maladie incurable, le premier ministre italien, Sylvio Berlusconi, décide de déterminer le lieu de son inhumation.

Il convoque son entourage pour suggérer quelques idées.

— Vous pourriez me faire inhumer au cimetière du Père-Lachaise à Paris ?

— Mauvaise idée, Monsieur le Premier Ministre, répondent les conseillers. Il s'y trouve tellement de morts célèbres que vous risqueriez de passer inaperçu.

— Avec les papes, sous la basilique Saint-Pierre de Rome, ça coûterait combien ?, demande-t-il.

— 500 000 euros, Monsieur le Premier Ministre.

Berlusconi réfléchit longuement. À la fin, il finit par dire que Rome ne lui convient pas. Soudain, son visage s'éclaire.

— J'y suis. Pourquoi pas le tombeau du Christ, à Jérusalem ?

— Excellent !

— Ça coûte combien ?

— Trois millions d'euros.

— C'est cher, mais cela en vaut la peine, répond le premier ministre.

Il ordonne aussitôt d'entreprendre les démarches auprès des autorités de Jérusalem. Puis soudain, il se ravise et rappelle ses conseillers :

— J'ai repensé à tout cela. Laissez tomber. Trois millions d'euros, cela fait vraiment trop cher pour trois jours.

8. Il y a des gens qui persistent à voir le côté négatif des choses, à chercher la petite bête, a expliqué Sylvio Berlusconi aux journalistes.

« Supposons que j'aille à la pêche en bateau avec le pape et que ce dernier tombe à l'eau. Moi, je ne ferais ni une ni deux. Je marcherais sur les eaux pour aller le sauver et pour le ramener à bord.

Mais le lendemain, les journalistes écriraient tous : "Berlusconi ne sait même pas nager!" »

9. Au matin du 28 janvier 2011, un conseiller complètement paniqué entre en coup de vent dans le bureau de l'ancien président égyptien, Hosni Moubarak.

— Monsieur le Président, Monsieur le Président, il y a des centaines de milliers de personnes rassemblées sur la place Tahrir, au centre de la capitale !, s'écrie le fonctionnaire. Je crois qu'il est urgent de composer un discours d'adieu !

Le président Moubarak fronce les sourcils avant de demander, d'une voix étonnée :

— Un discours d'adieu ? Mais où s'en vont-ils tous[4] ?

10. Durant l'été 2010, après avoir vu des images de l'immense marée noire dans le golfe du Mexique, le petit Toto demande à son père.

— Dis Papa, pourquoi est-ce qu'on voit une nappe de pétrole de 23 kilomètres de long à la surface du golfe ?

— Je ne sais pas fiston, répond le père. Probablement parce que le reste est mieux dissimulé…

11. Au plus fort du scandale entourant la liaison entre le président Bill Clinton et la stagiaire Monica Lewinsky, à l'été 1998, la première dame des États-Unis, Hillary Clinton, a rendu visite à une voyante. Au beau milieu de la consultation, la tireuse de cartes est devenue toute pâle. Elle s'est exclamée : « Je vais vous apprendre une nouvelle terrible. Votre mari mourra de façon horrible l'hiver prochain. Préparez-vous à devenir veuve, ma pauvre dame… »

---

4. Gracieuseté de Claude Guibal alors qu'elle était la correspondante en Égypte du quotidien *Libération*.

En entendant cela, Hillary Clinton respire profondément et se racle la gorge à plusieurs reprises. Puis elle demande à la voyante, en la regardant droit dans les yeux :

— Est-ce que je serai acquittée ?

12. À l'automne de l'an 2000, après des semaines de recomptage des votes, entachés par de nombreuses irrégularités, le candidat républicain George W. Bush attend fébrilement le dévoilement des résultats de l'élection présidentielle en Floride.

Soudain, il aperçoit l'un de ses conseillers qui arrive en courant.

— J'ai une bonne et une mauvaise nouvelle pour vous, commence le conseiller tout essoufflé.

— Commence par la mauvaise, suggère Bush.

— Votre adversaire, le démocrate Al Gore, a recueilli 51 % des suffrages.

— Ouille ! Et la bonne nouvelle ?

— Vous en avez recueilli 52 %.

13. Le 21 février 2004, un communiqué officiel de la Maison Blanche annonce le décès de l'un des chiens de compagnie de George W. Bush, sans dévoiler de nom.

Cri du cœur unanime de l'autre côté de l'Atlantique, au sein de la presse britannique.

— Bon sang, mais pourquoi personne n'avait révélé que le premier ministre Tony Blair était aussi malade ?

14. Après que le monde eut frôlé la catastrophe lors de la crise financière de 2008, les dirigeants des pays du G-8 ont annoncé qu'ils ne rigoleraient plus avec les crimes économiques commis par les dirigeants de banques ou de grandes entreprises.

Ils ont évoqué de lourdes peines de prison. Ils ont insisté pour dire que les contrevenants seraient détenus dans des établissements très durs.

Promis, juré, on n'y trouvera que neuf trous de golf, au lieu d'un parcours complet.

15. Un jeune étudiant chinois parti étudier en Allemagne écrit à son père milliardaire.

— Cher papa. Depuis mon arrivée en Allemagne, je constate que je suis le seul étudiant qui se rend à l'école en limousine. Tous mes confrères arrivent en train.

Réponse du père : « Cher fils. Je comprends. Je viens de transférer 20 millions d'euros dans sur ton compte bancaire. Tu peux t'acheter un train[5]. »

_____

5. Der Spiegel.

16. Le géant de l'assurance American International Group (AIG) décide de lancer un défi à une concurrente chinoise. Une équipe de chaque entreprise participera à une épreuve d'aviron.

Mais le jour venu, l'équipe d'AIG se fait battre par un kilomètre.

Découragée, la direction embauche une entreprise de consultants pour tenter d'identifier les causes de la défaite. Ces derniers établissent que l'équipe chinoise comprenait huit rameurs et une personne à la barre. À l'opposé, AIG comptait sur un rameur et huit directeurs à la barre.

Après un an d'étude et des millions de dollars encaissés en honoraires, les consultants proposent de tout chambarder. La nouvelle équipe d'AIG comptera huit directeurs de la navigation. De plus, elle offrira au rameur un système d'incitatifs pour augmenter la performance.

Hélas. AIG perd la course suivante par deux kilomètres. Furieuse, AIG annonce un plan de restructuration. Dans un communiqué, elle se dit «prête à rebondir avec une équipe plus motivée que jamais».

Traduction : le rameur est congédié. Et chaque directeur reçoit une prime pour avoir identifié le problème.

17. Un jour, le candidat républicain à la présidence aux élections de 2012, Mitt Romney décide d'aller chasser l'ours polaire. Il part seul, en assurant qu'il va tuer la bête à mains nues. Quelques jours plus tard, des Inuits aperçoivent Romney alors qu'il est pourchassé par un ours blanc. Pour lui sauver la vie, l'un d'eux ouvre la porte de sa cabane. Mais juste avant d'entrer, Romney s'arrête brusquement et fait un pas de côté pour laisser l'ours s'engouffrer à sa place. Il referme ensuite la porte en s'écriant, à l'intention de l'Inuit resté à l'intérieur : «Je vous laisse écorcher celui-là, pendant que je vais en chercher un autre[6] !»

18. Bill Clinton et Boris Eltsine se rencontrent en coulisses pendant un sommet du G-8.

— Cher Bill, explique le président russe, je suis confronté à un grave problème. J'ai cent gardes du corps et il y a un traître parmi eux. Mais je ne parviens pas à savoir lequel.

— Moi, c'est encore pire, lui répond l'Américain. J'ai sans cesse autour de moi une centaine d'économistes que je dois obligatoirement consulter avant de prendre la moindre décision. Il y en a toujours un qui dit la vérité, mais ce n'est jamais le même.

---

6. Cité par Sorensen Adam, «How Bain Shape Romney», *Time*, 23 août 2012.

19. Il était une fois un village. Il vivait principalement du tourisme, sauf qu'à cause de la crise il n'y a plus de touristes. Tout le monde emprunte à tout le monde pour survivre. Plusieurs mois passent, misérables. Arrive enfin un touriste qui prend une chambre. Il la paie avec un billet de 100 $. Le touriste n'est pas plutôt monté à sa chambre que l'hôtelier court porter le billet chez le boucher, à qui il doit justement 100 $. Le boucher va aussitôt porter le même billet au paysan qui l'approvisionne en viande. Le paysan, à son tour, se dépêche d'aller payer sa dette à la « pute » à laquelle il doit quelques passes. La « pute » boucle la boucle en se rendant à l'hôtel pour rembourser l'hôtelier qu'elle ne payait plus quand elle prenait une chambre à l'heure. Comme elle dépose le billet de 100 $ sur le comptoir, le touriste, qui venait dire à l'hôtelier qu'il n'aimait pas sa chambre et n'en voulait plus, ramasse son billet et disparaît[7].

20. Il était une fois un politicien ukrainien qui rendait visite à un politicien européen.

L'Européen invita l'Ukrainien dans sa jolie maison, avec une belle voiture devant l'entrée.

---

7. Publié sur le site Web *The monkey cage*, cité par Pierre Foglia, *La Presse*, 16 mai 2009.

— Comment avez-vous réussi à ce point ? interrogea l'Ukrainien, les yeux pleins d'envie.

— Vous voyez ce pont, sur la rivière, là-bas ? demanda l'Européen. Lors de la construction, je me suis réservé quelques dessous de table.

Le temps passa. Quelques années plus tard, le politicien ukrainien invita l'Européen chez lui. Sur place, ce dernier fut estomaqué de voir le palace bâti par l'Ukrainien. Sans compter les nombreuses voitures sport.

— Comment avez-vous fait ? demanda-t-il.

— Moi aussi, j'ai construit un pont, expliqua l'Ukrainien, en pointant une rivière toute proche. Au passage, j'ai pris quelques dessous de table.

— Mais je ne vois rien, s'étonna l'Européen. Où est le pont ?

Et l'Ukrainien pointe sa maison en disant : « Il est là. »

21. Que dit l'armée israélienne à la population civile avant de lancer ses frappes « ciblées » dans la bande de Gaza.

« Taisez-vous où je vous bombarde par erreur. »

22. Un Allemand, un Français et un Égyptien admirent un tableau représentant Adam et Ève. « Ils sont musclés, alors ce sont des Allemands », dit le premier. «L'homme est viril, la femme très jolie, alors ils sont Français», corrige le deuxième. «Ils n'ont pas de vêtements, pas de chaussures et pas de logement. Ils n'ont qu'une seule pomme pour deux et ils se croient au paradis. Alors forcément, ce sont des Égyptiens», tranche le troisième.

23. En Russie, après leur condamnation à deux ans de camp de travail pour incitation à la haine religieuse, en août 2012, les membres du groupe punk-féministe Pussy Riot sont transférées dans une prison lointaine.

À leur arrivée, leurs compagnes de cellule, qui ne les connaissent pas, veulent en apprendre un peu sur elles.

— À combien d'années avez-vous été condamnées?, demandent-elles.

— À deux ans, répondent les punks.

— Et quel crime avez-vous commis?, insistent les prisonnières.

— Rien. Nous n'avons commis aucun crime, répondent les jeunes femmes.

— Menteuses, s'écrient les autres. Pour rien, ils donnent au moins cinq ans[8]!

---

8. Blague soviétique dépoussiérée en l'honneur des Pussy Riot.

24. « Les services secrets cherchent un garde du corps pour le président des États-Unis. Ils ont le choix entre trois candidats : un policier du FBI, un douanier et un policier de la Ville de Ferguson, dans le Missouri, où un policier a tué un adolescent, le 9 août 2014.

Pour départager les candidats, on les soumet à un exercice pratique, en commençant par l'agent du FBI. Ce dernier reçoit un revolver, avec l'ordre d'abattre quiconque se trouve dans la pièce d'à côté.

Après quelques minutes, l'agent revient, l'air furieux.

— Vous êtes fous ? Dans la pièce, j'ai rencontré mon voisin. Pas question que je lui tire dessus.

— Très bien, répondent les responsables d'embauche. Vous êtes un excellent citoyen. Mais vous n'êtes pas la personne que nous recherchons. Merci et au revoir.

Le même exercice est proposé au douanier. Mais ce dernier revient vite, le visage rouge de colère.

— Jamais je ne tirerai sur mon voisin ! Ça va pas la tête ?

Encore une fois, les responsables félicitent le candidat pour son civisme. Puis, ils lui disent au revoir.

Au tour du dernier candidat, le policier de la Ville de Ferguson. Le monsieur prend le revolver et entre dans la pièce. Peu après, un coup de feu retentit. Puis, de longues minutes passent.

Finalement, le policier revient, l'air embarrassé.

— Un idiot avait mis des cartouches à blanc dans le revolver. Je n'ai pas pu descendre mon voisin, comme demandé. Il a fallu que je l'étrangle.

25. Il était une fois un Écossais qui traversait un pont. En regardant en bas, il aperçoit un homme accroupi, qui boit l'eau de la rivière avec sa main. Il s'écrie, en langue écossaise, en direction du buveur :

— Ne buvez pas l'eau de la rivière, les égouts se jettent dedans !

— Je ne comprends pas ce que vous dites, lui répond l'homme. Je suis Anglais. Je ne parle pas écossais.

L'Écossais réfléchit un instant, avant de répondre, en anglais, cette fois : « Utilisez vos deux mains, vous allez pouvoir en boire plus ! »

26. Ce matin-là, dans une école coranique de la Turquie, l'institutrice chantait les louanges du parti islamiste de Recep Tayyip Erdogan, le tout-puissant premier ministre, au pouvoir depuis 11 ans.

— Mes enfants, pourquoi faut-il toujours se tenir tranquilles lors des discours de notre bien-aimé premier ministre ?, demande l'institutrice.

Une fillette lève la main avant de suggérer, innocemment :

— Parce que tout le monde dort ?

VERS LA SOUVERAINETÉ ALIMENTAIRE

Bibliographie

Baumgartner, Jody C. et Jonathan S. Morris, *Laughing Matters : Humor and American Politics in the Media Age*, New York, Routledge, 2008.

Berger, Peter L., *Redeeming Laughter : The Comic Dimension of Human Experience*, Berlin, Walter de Gruyter & Co, 1997.

Brunvand, Jan Harold, *Too Good to Be True, The Colossal Book of Urban Legends*, New York, W.W. Norton & Company, 1999.

Giguère, Guy, *Fou rire au parlement : Quand nos politiciens se bidonnent*, Montréal, Les Éditions internationales Alain Stanké, 2003.

Gouignart, Jean-Pierre, *Les meilleures blagues de François Hollande*, Paris, Les Éditions de l'Opportun, 2012.

Halberstam, David, *The Coldest Winter : America and the Korean War*, New York, Hyperion, 2007.

Herzog, Rudolph, *Rire et résistance : humour sous le IIIe Reich*, Paris, Michalon Éditeur, 2013.

Holt, Jim, *Stop Me If You've Heard This : A History and Philosophy of Jokes*, New York, W.W. Norton & Company ltd, 2008.

Lewis, Ben, *Hammer & Tickle : A History of Communism Told Through Communist Jokes*, Londres, Orion Books, 2008.

McGraw, Peter et Joel Warner, *The Humor Code : A Global Search for What Makes Things Funny*, New York, Simon & Schuster, 2014.

Meyer, Philippe et Antoine Meyer, *Le communisme est-il soluble dans l'alcool ?,* Paris, Seuil, 1979.

Osgood, Charles, *Kilroy Was Here : The Best American Humor From World War II*, New York, Hyperion, 2001.

Regamey, Amandine, *Prolétaires de tous les pays, excusez-moi !,* Paris, Buchet/Chastel, 2007.

Sublimes paroles et idioties de Nasr Eddin Hodja, recueillies et présentées par Jean-Louis Maunoury, Paris, Phébus libretto, 2002.

Table des matières

CET OUVRAGE EST COMPOSÉ EN DANTE CORPS 11
SELON UNE MAQUETTE RÉALISÉE PAR PIERRE-LOUIS CAUCHON
ET ACHEVÉ D'IMPRIMER EN SEPTEMBRE 2015
SUR LES PRESSES DE L'IMPRIMERIE MARQUIS
À MONTMAGNY
POUR LE COMPTE DE GILLES HERMAN
ÉDITEUR À L'ENSEIGNE DU SEPTENTRION